沖縄大学地域共創叢書02

宮城能彦編

奥むらの戦世《いくさゆー》の記録

――やんばるの沖縄戦

㈲榕樹書林

・グラビア写真は島袋伸三氏・宮城宏光氏・キーストンスタジオ・県立公文書館の提供による。
・扉のイラストは一九四五年八月三日にピーを渡る集落民を描いたのもの。（絵＝比嘉武史）

奥の地名図（簡略版）
作成：沖縄県国頭村奥区事務所、
「奥の地名研究会」（代表 宮城邦昌）
背景：（株）パスコ2006年撮影空中写真
0
0.5
1 km
N
S
W
E
111林班
52林班
ユッパバマ
ユッピザチ
戦前の県道跡
かくれい丸救出の場面
ユッピバマ
字辺戸
53林班
フパダチバマ
シドンサチ
タチ
アサチンサチ
シルカニジ
112林班
アガリイノー
シガイ
54林班
タチントー
ウナンダハナグ（浦）固定場所
スジバマ
サンペイゴウ
ヤマダヘ
シーバーミチ
ピス
スイ
51林班
ワナー橋
アンガー
2区（川）ブレーザ
イビガナシ
ハルー
115林班
ウフドー
琉大「奥の山荘」
ホーグ
氏神様
ナンチシムイ
ダビブ川
ターマタ
ヒクリン川
タカバテー
スイノチジ（スイ林道と県道70号の合流点）
ヤマジー
屋久杉植林所
55林班
ホーグ
113林班
ナナチグス
ウグバマ
字宜名真
ナンガー橋
チヌフク川
114林班
50林班
サーンケー
発祥橋
県52林班
テル川
字奥
イチリンハナ
サールーバンタ
復帰前のスイ林道終点
トーキマ
60林班
尾西岳
56林班
カイチ
チルンジ
タチ川
ウチバル（開墾）
ウドンエーバテー
旧チヌフク林道（戦前）
一号橋
49林班
イズーミチ
フイジ
シバンジ
県51林班
トゥトチクビー川
二号橋
エーマタ
三号橋
ガシパ
スイ林道と伊江原林道の合流点
旧チヌフク林道終点（戦後）
学校林
ウマンナガニ
アラマタ川
チヌフク林道と宜名真林道の合流点
四号橋
県53林班
57林班
字楚洲
ガアミチャバル
スイ林道と伊江林道の合流点
メーナガニ
五号橋
県55林班
ウチジナー
ウフグシク川
字宇嘉
ゆうぐしく
ウイバル林道終点（戦前）
西銘岳
県50林班
61林班
伊江川
シナシジリ
ナグンペー
58林班
59林班
県56林班
ウフクザリ
宇嘉林道
ビルガー
45林班
辺野喜山荘
県49林班
ジーブーグァーカイクン
38林班
字辺野喜
県57林班
スンマタグチ
37林班
三角点
川
大垣
旧垣
国道58号線
県道70号線
旧道
林道
現在の字界（字名）
戦後の林班界（番号）

ターンウィパナから見下ろす奥集落（1955）　提供：沖縄県公文書館

奥の段々畑風景（ウシダーマラからの遠望・1950）　提供：島袋伸三氏

スグラから奥集落を見下ろす（1955.9）　提供：キーストンスタジオ

ミアギムイから見下ろした奥集落（1955.9）　提供：キーストンスタジオ

1945 年輸送船が難破し食料品が漂着したシルカニジの断崖
提供：奥郷友会・宮城邦昌

戦後復元されたウッカのピー（1969.2）　提供：宮城宏光

奥むらの戦世の記録　目次

宮城節子（大正八年一〇月二二日生）　屋号：門ン屋（ドーンヤー）

(3)　伊丹鉄工所徴用

宮城奈津（昭和四年一〇月一〇日生）　屋号：前宮城（メーミヤギ）

(4)　糸満から帰り奥の警防団へ

宮城親明（昭和二年八月二七日）　屋号：親四郎屋（シンシローヤー）

(5)　祖母が奥で最初の捕虜に

宮城安輝（昭和三年一二月二〇日生）　屋号：田ン原（タンパラ）

(6)　避難小屋での母親の出産とハブ咬傷

翁長林広（昭和一一年一一月一二日生）　屋号：翁長（ウナガ）

(7)　長崎海軍大村航空隊飛行機工場

崎原栄昌（大正一四年一一月一日生）　屋号：栄口（イーグチ）

(8)　護郷隊で恩納岳へ

宮城長栄（昭和三年八月二〇日生）　屋号：栄屋小（イーヤーグヮー）

(9)　伊丹防空特殊航空会社で旋盤工

崎原キヌ（大正一五年七月一四日）　屋号：栄口（イーグチ）

(10)　神戸製鋼と北支二七連隊

崎原栄秀（大正一四年三月一〇日生）　屋号：栄秀屋（エイシュウヤー）

⑾ 大阪伊丹の工場で旋盤工として

宮城百合（昭和四年五月三一日生）　屋号：田ン原（タンパラ）

⑿ 農兵隊として

崎原栄重（昭和五年一〇月一五日生）　屋号：崎原小（サチバルグヮー）

⒀ 女ひとりで祖母と子ども二人の食糧確保

与那城安《ヤス》（大正五年二月二〇日）　屋号：与那城（ユナグスク）

⒁ サイパンで従軍、戦後奥で発電所を建設

宮城親順（大正一四年八月五日生）　屋号：上新屋（ウイミヤー）

⒂ 小学三年生の戦争体験と戦後の生活

平良幸雄（昭和一一年六月一七日生）　屋号：平良屋（テーラーヤー）

⒃ 奥の救世主：小山松美さんのこと

小山安子（妻）、小山幹太（孫）、垣花ツヤ子

⒄ 武部隊として台湾へ

金城敬一郎（大正一四年一二月三日生）　屋号：石嶺（イシンミ）

⒅ 護郷隊（切込み隊）から奥への帰還

糸満盛昭（昭和三年一一月一六日生）　屋号：糸満小（イスマングヮー）

⒆ 郵便局員から警防団へ　―運搬中にアメリカ兵と遭遇―

比嘉久隆（昭和四年七月二〇日生）　屋号：久隆屋（キュータカヤー）

⒇ ジャワ島へキニーネ（マラリア特効薬）栽培の調査へ

金城秀仁（大正四年六月一九日生）　屋号：上根（ウンニー）

三、戦争体験手記――奥の戦争……237

(1) 母の戦争体験

宮城邦昌（昭和二三年三月二八日生）　屋号：浜吉屋（ハマキチヤー）

(2) 少年期以降の私の体験談

新城健（昭和三年九月二日生）　屋号：新城屋（シンジョウヤー）

(3) 母の戦争体験

花城さかえ（昭和二四年生）　屋号：仲前小（ナハメーグヮー）

(4) 監視所のあゆみ

宮城操（大正三年一二月二一日生）　屋号：椛山（カバヤマ）

はじめに

本書は奥在住あるいは奥出身の方々に、それぞれの戦争体験を語ってもらった記録です。インタビューは主に、二〇一〇年六月と翌二〇一一年二月に奥で、二〇一一年三月に那覇市で行いました。

沖縄戦に関する聞き取り調査の記録や手記は数多く、沖縄本島南部地域での悲惨な地上戦を中心に、本島中北部や離島における戦争体験の語りも市町村史を中心に記録されています。そして、それぞれの地域の字誌の中にも戦争編は必ずあります。

しかし一般的には、沖縄戦といえば、多くの人たちは、ひめゆり学徒隊や鉄血勤皇隊を思い浮かべます。沖縄本島中南部の人の中で、南部に逃げてしまった人は残酷な戦地で辛い思いをしたが、北部に逃げた人は戦闘もなく幸運であったというイメージが一般的なようです。

たしかに、沖縄本島の北部では南部ほどの激しい戦闘はありませんでした。死者の数も南部地域と比べれば少なかったと言えます。しかし、それでも戦争体験の記録は残しておくべき貴重なものだと私たちは考えます。

国頭村奥集落は沖縄本島のほぼ最北端に位置し、「奥」という名のとおり、やんばるの奥の奥にある集落です。北側が海、三方を山に囲まれた集落は、自然豊かな土地ですが、他のやんばるの地域と同様、戦前は決して豊かな生活ができる土地ではありませんでした。

奥の人たちは、戦前、僅かな平地の田畑と山仕事で生計を立てて暮らしていました。奥は一九〇六年に全県に先駆けて「奥共同店」を設立させ、共同店発祥のムラとして有名ですが、それ以外は、沖縄のやんばるの普通の集落です。

その奥の人たちにも、あの戦争がやってきました。

しかし、戦争は突然やってきたわけではありません。それは、本書に収録された奥の人たちの体験からもよく理解できます。

伊江島飛行場建設には奥からも多くの方が徴用されました。関西の鉄工所や、特殊航空会社で旋盤工として徴用されたのは若い女の子たちでした。徴用は本人の希望で行くのではなく、学校から何人という割り当てがあり、先生から指名されるのです。

子どもの頃、糸満の海人(うみんちゅ)の家に売られ、戦争が始まるからと奥に帰ってきた人もいれば、徴兵されてニューギニア戦線に送られた人もいます。

戦前家族でサイパンに移民で渡ったが、従軍で船に乗っている時にサイパンが玉砕。生存を諦めていたサイパンの家族と奥で再開した方は、戦後の奥の復興に尽力しました。

山の中に避難していた奥の人たちが米軍に投降するのは八月三日でした。沖縄戦の組織的な戦闘が終わった六月二三日から一月以上も後のことです。この時米軍と交渉したのは、奥に農業指導に来ていた小山さんでした。

このように、戦争を一つの集落の人たちの様々な体験としてまとめていくと、見えてくるものがあります。

奥集落は戦前は約八百人のやんばるの普通の集落でしたが、そこには様々な戦闘体験があります。ある意味、過酷な戦闘がなかったから見えてくるものもあると思います。私たちは、本書を発刊する意味はそこにもあると考えています。

本書が奥の人たちだけでなく、少しでも多くの人に手に取ってもらえると幸いです。

最後になりましたが、本書は本来、奥の島田隆久、奥郷友会の宮城邦昌の三人の共編とすべきものでありますが、沖縄大学地域研究所の叢書として出版するために、私の名前のみになっております。お二人は私以上に取材・編集に尽力なさったことを記し、感謝の意を表したいと思います。ありがとうございました。

二〇一七年一一月　宮城能彦

一、奥むらの沖縄戦――一〇・一〇空襲から帰郷まで

一九四五（昭和二〇）年四月一日に沖縄本島中部の嘉手納海岸に上陸した米軍は、またたくまに沖縄本島を南北に二分し、その一部は物凄い勢いで国頭へと北進して、早くも約二週間後の四月一三日には辺戸岬に達している。

米軍が間近まで迫っていることを知った奥の人たちは、山の中に仮小屋を建てて、三月下旬から八月三日に投降するまで苦しい避難生活を送ることになる。

沖縄戦の北部戦線の主力は、通称「宇土部隊」と呼ばれる、独立混成第四四旅団第二歩兵隊長宇土大佐が率いる国頭支隊約三千人であった。その中には県立第三中学校の鉄血勤皇隊一五〇人と護郷隊も配備されていた。

護郷隊とは第三・第四遊撃隊の秘匿名で、第三は村上治夫大尉を隊長とする約六〇〇人が旧羽地村（現名護市）の多野岳に、第四は岩波寿大尉を隊長とする約五〇〇人が恩納村の恩納岳に拠点を置いて、国頭郡一円を守備範囲としていた。

国頭支隊の任務は、①伊江島の保持と本部半島の確保によって本島南部の作戦を容易にする②遊撃隊をもって国頭郡内で遊撃戦を展開し中頭郡飛行場地区の戦闘に協力するという二点で

あった(『沖縄大百科』下四六二頁)。

四月五日頃から米軍と本格的な戦闘に入りゲリラ戦を展開した国頭支隊であったが、四月一四日に米軍が八重岳の宇土部隊の本拠地に攻撃を始め、二〇日には本部半島のほとんどが占拠されてしまった。

また、恩納岳や多野岳などの陣地も集中砲火を浴び、多くの死傷者を出して国頭の山中へと撤退した。奥出身の宮城長栄(昭和三年生)や糸満盛昭(昭和三年生)も護郷隊として従軍し、一命を取り留めて奥へと帰還している(インタビュー記録⒅)。

奥部落の人々の戦争体験については、『奥のあゆみ』に詳しいので、一部修正してここに再録する。

(1) 一〇月一〇日の空襲

奥ではこの空襲による人命の犠牲はなかったものの、部落の唯一の交通機関として那覇方面へ林産物を運び、那覇からは日用生活物資を輸送し、長年部落民の生活を守って来た共同店所有の「井福丸」が銃撃を受けて焼失した。一〇・一〇空襲によって人々は戦争を現実のものとして実感させられたのである。まさかこのような山間僻地の部落まで敵機が襲って来るなど思いも寄らぬことで人々は唖然とするのみであった。しかし、戦争は現実のものとして確実に迫って来ていることを人々は肌で感じ取っていた。

一〇・一〇空襲の結果、一八〇〇名の避難民が国頭村に流入して来た。県内や県外への疎開は、県当局の緊急な施策となった。

（略）

奥には勝連、大里、那覇、浦添方面からの疎開者が多く流入して来た。昭和二〇年二月これらの疎開者を収容する収容小屋がスイの中山（ナハヤマ）で建設されることになり、部落から多くの男女が動員された。

建設費は一棟八〇〇円、炊飯場四五〇円、便所五〇円であった。収容小屋が何棟建設されたかその数は定かでない。小屋に収容できないものは部落の民家が割り当てられた。これらの避難民に対して奥では六月頃まで食料の配給が行われた。

また、昭和一九年シド崎に監視哨が設置され海岸線の見張りが実施された。奥監視哨要員として次の人々が宇土部隊から任命された。最初の監視哨所長に宮城操氏が任命され、要員は次の方々であった。宮城久四郎、糸満盛長、森山定安、糸満盛三郎、平安基光、神里島一、世名城定一。その後一時無人哨となっていたが、戦局の変化に伴い再び要員が配置され、監視哨所長に金蔵吉勝伍長（奥間出身）。要員は金城親三郎、宮城親徳、金城親次郎、宮城博らであった。

はじめて体験した空襲に部落民は一層恐怖に駆られ、より安全な場所を求めて避難小屋づくりや防空壕堀に追われながら暇を見つけては農業に従事していた。作った野菜等は殆ど軍用として供出するのであった。

その頃、首里の石部隊より畑中小尉が引き連れた二〇名程の炭焼部隊が派遣されてきた。これは壕内での炊事用燃料の木炭を生産し確保することが任務であった。

奥では一七名、辺戸七名、楚洲六名が駐屯し、その配下で部落民のほとんどが従事することになった。宮城安将氏が班長となり、軍の指示を受けて各組毎に二釜ずつ受け持ち交互に炭を焼き出した。山仕事の出来ない若い者はタングー用のススキを刈り、それを作ったりした。また女の人や生徒も炭運搬作業を手伝うといったように、まさしく総動員の日々であった。

戦雲はいよいよ急を告げ、その頃より奥の近海でも、敵機の銃撃を受けて炎上沈没していく船もみられた。船の犠牲者が死体で海岸で発見されたり、船団からはぐれて奥のシルカニジの岸に遭難した「須磨丸」があった。積荷はリヤーカー、乾燥ジャガイモ、カンパンが満載されていた。南方へ軍需物資を輸送中に遭難したものと思われる(須磨丸については後に詳述する)。

あわただしく一九年も暮れ、いよいよ運命の年、二〇年を迎えたが、情勢は何ら好転する気配すらなかった。東の方からはB24という敵機が度々襲来してきては海上の船舶だけを爆撃して去って行くのであった。友軍はなぜその一機さえ撃ち落とせないのだろうか、と疑問に思うのであった。

二月、三月と本来なら一期作水稲の準備時期であったが、到底そのような農作業は不可能な状況であった。中には苗代に種まきをして準備した家もあったが、そのまま放置せざるを得なかった。危機感は日に日に増して行くばかりであった。防衛隊として在郷軍人、補充兵の四〇代までの殆どの人が本部山、島尻、中頭方面へとひそかに出征して行くのであった。中には親子、兄弟が見送りも出来ず、後で電話で別れの挨拶をかわすという状態であった。このような状況の中で、人々は戦争という未曽有の恐怖が身近かに確実に迫って来るのを感じていた。

（略）

(2) 山中への避難

戦局はいよいよ緊迫の度合いを増しつつあった。そして悪夢はついに現実となって人々の周辺に迫って来た。このように緊迫した中で三月も下旬となり、学校では戦時における最後の卒業式が二一日無事行われた。その翌々日、三月二三日あのいまわしい沖縄戦が本格的に始まったのである。

その日、奥も大空襲に見舞われ、部落民はシーバー、アンガーチヌフク、イチリンハナ、ガーミチバル、フイジ、カイチ、ワタンナ、ウンダーマタと点々とちらばって避難生活を余儀なくされたのである。

部落では警防団と郵便局員だけが残った。警防団の本部は、上新屋小、支部は後ン当小におかれ、団長宮城親一氏（大六ツ又）の指揮の下、団員二三名、その頃より私も団員に加わり警戒態勢を続けていた。

しかし、連日続く空襲で機銃掃射、爆弾投下が行われ、学校、木炭倉庫、共同店、公会堂と公共施設はじめ、家屋が次々と炎上破壊されて行くのであった。米軍が上陸して来て放火で焼失した家屋を含めて、当時二百有余の中百二・三〇戸が戦災を受けた。空襲の合間を見ては消火活動のため壕から飛び出し、これまでの訓練を生かしバケツリレーで水をかけても、燃えさかる火には焼け石に水のたとえ、何の役にも立たなかった。

南太平洋まで勝ち進んだ日本軍が敗退し、サイパン島の玉砕に続き、まさか沖縄までも戦場になろうとは夢想だにしないことであった。しかし、それはもう現実のものとなっていたのである。戦争は絶望的とは思っていても、当時そのようなことを口にすることはできなかった。軍のある高官が奥に来られた際に「ここは自然の防空壕だ、空爆を受ける心配はない」と言ったというが、それは大変な間違いであった。空襲が始まるや、ウイバル、シーシー、スグラの上空より自由自在に爆撃されたのである。部落民は一人残らず山中へ避難したものと思っていたが、玉城キヨさん（田ン根）が、機銃掃射によって胸部を貫通され即死した。部落で最初の犠牲者であった。

（略）

四月になり米軍の本島上陸の情報が入り、数日後には辺戸岬にも侵入して来たため、警防団も本部をアンガーに移した。その頃から防衛隊に召集されてシドの監視哨の任務についていた人たちも一緒になり、部落の見える場所とウフドウの三叉路で米軍の侵入を監視することになった。

米軍の上陸後は空襲もなくなっていた。最初のウフドウ当番は玉城仲助、上原直三、島袋栄二氏らの三人であった。三名は人の気配に気づき道より五尺程はなれた茅の中でじっと身をひそめていた。すると思いもよらぬ方角のターマタ道から米兵が五〇名程やって来て、彼らの目の前でひと休みし、無線で本部との連絡が、わけのわからぬ言葉でしゃべり出した。三名は絶対絶命、死を覚悟で息をこらして米兵を見守っていたが、しばらくして奥の部落へおりて行った。まさに危機一発の場面であった。

「それ以来、米兵は奥部落へ毎日のように侵入し、山奥まで捜索して午後四時頃になると辺戸へ引きあげて行った。」（親哲氏）

（略）

(3) 夜間の大移動

米軍が山にまで入るようになったため、警防団もイチリンハナに移動してそこで二、三日過ごした。部落民も危険を感じて西側から東側へと大移動を余儀なくされた。荷物を担いだり、背負ったり、子供を抱え、手を引いての夜間の移動であった。

シーバーからアンガー、チヌフク、ナンガー、イチリンハナ、ガーミチバルと次々と移動し、奥川を境にして東側に移ったのである。警防団もカイチへ移動した。その頃米軍は部落と五号橋近くの山で駐屯してジープで往来していた。そのため部落の皆もあちこちで米兵に発見され、捕虜となって羽地の収容所へ連れて行かれたが、再び山へ戻って来た人もいた。ガーミチバルで米兵に見つかり、ブルブルふるえている人をみて米兵は「シンパイシーナーレ、シンパイシーナーレ」と連呼したという。それは、心配するな、ということだったのだろうとの話であるが、眉にツバをつけたいような話である。

また、伊波屋のオジーさんも米兵に見つかった一人であるが、オジーの話だとアメリカーは不思議なもので、ツメの先から火を出してタバコに火をつけてくれた、と大変感心していたという。それは、ライターであったのだろう。

米兵はカイチ山にも登って来るようになり、団員の中には発砲された者もあったが、幸い無傷であった。カイチでは警防団も解散状態になっていた。先輩方も自分の妻子の移動や小屋づくりにそれぞれの場所へ行ったためである。移動するたびに小屋は作らなければならないし、出来上がるまでは野宿で、野宿の日はぬれながら一夜を明かすこともあった。

若い団員は、状況を見ながら行動を続けていくよう団結を誓い合った。食事をしようにも食糧もなかった。若い団員たちは、ナスビ（野イチゴ）を食べて飢えをしのいだ。天の恵みかその年はナスビがいたる所で実っていたのが不思議でならなかった。カイチで二、三日を過ごし、最後の居城となるナナチグスへ移動し各自小屋を建てた。警防団本部もそこにおかれた。

小屋作りが終わった頃、先輩方も集まって部落民の安全確保のため、米軍侵入の監視活動を再び開始しようということになった。ナンチンムイ、タカバテー、ウンダーマタの三ヵ所を監視場とし、二人一組、半日交替で監視が続けられた。異常がある場合は一人はすぐ本部へ報告する体制で監視活動が行われた。

その頃、部落民はカイチ、ワタンナ、クルマヌシバー、ナナチグス、ハンノキクブとその一帯に集結していた。部落に駐屯していた米軍は引き揚げて、辺戸から一四、五名が毎日のように通って来ては、午後の三時～四時頃には帰って行った。四月も半ばを過ぎるころには、日本軍の敗退で本部（もとぶ）方面から防衛隊、中部方面から兵隊が帰って来るようになり、いろいろと情報を得ることが出来るようになった。これらの人々の情報によれば、戦局は好転する兆しはないというのが一致した見かたであった。

前線から帰って来た人々の中には重傷を負い、九死に一生を得た人もいた。本部（もとぶ）方面から山をかきわけて逃れて来たが、部落を目前にして伊江の山中で米兵に撃たれて戦死した方もあった。

中部から追われて来た兵隊が、島づたいに本土へ渡り沖縄の現状を報告し、援軍を送らせたい、ついては与論島まで渡してくれないか、と区長(宮城直帯)へ依頼があった。これは重大な使命を帯びた仕事と考え、さっそく数名の決死隊が編成され、夜間クリ舟をこいで兵隊を与論島へ渡して帰って来た勇敢な人たちもいた。(宮城親徳「与論島逃亡の記」)

警防団には貯えの食糧も底をつき、各戸から若干の供出で集められた米と、川のそばなどでつないでいた牛や、山中を逃げまわっている牛を捕らえて屠殺し、その肉を火に乾かして保存したりして食糧のたしにした。そのような生活がいつまで続くかわからない状況で、食事は命つなぎという程度にとどめなければならなかった。

午前中米兵は辺戸から部落へやって来て、夕方には帰って行った。そのようなことが日常的にしばらく続いていた。監現哨の警防団は入って来た米兵と出て行く米兵の人数が一致するまで確認しなければならない。一人でも不足していれば、まだ部落内にいることになり危険であった。警防団が安全を確認すると、夕方から部落へ下りて行き、芋掘りや野菜などを採って山へ登って行くのであった。

ここで特筆しなければならないことは「須磨丸」のことであろう。一〇・一〇空襲後、シルカニジの岸に日本軍の輸送船「須磨丸」が遭難して打ち上げられた。南方へ軍事物資を輸送していく船であったと思われる。この船はカンパン（非常食）や薄切りのジャガイモなどを満載していた。

これが後に奥の人々の山中での食料となり、餓死を免れたのであった。須磨丸遭難は、結果的には奥の人々に幸いしたのであった。しかし、遭難船からカンパンやジャガイモを運び出すことは、大変危険を伴うことであった。絶壁を下りて船にたどり着き、物を背負って断崖をよじ登るのである。しかも夜間の行動であったから、なお一層命がけの仕事であった。今、現地を見るとゾットする思いがする。

食糧があるということを部落外の人がきさつけて取りに来たが、ついに船に近づくことができず泣く泣く帰って行ったという話も伝わっている。

「四月も去り、五月となっても何の変哲もなく恐怖の日々が続くのであった。このような異常の生活にも訓れて来たのだろう。ヒク採りの時季にはピダ（東側）の海でヒクヒキをしたり、潮干狩りをした。もうその頃は、南部の戦闘は終息していたのだろう。そのためか潮干狩り中に頭すれすれに低空する米軍機に機銃掃射されるのでないかと思う場面もあったが、射撃はしなかった。米軍は勝利をおさめていたから、今さらその必要もなかったのだろう。人々は命びろいした思いで山へ戻って行くのであった。

記述は前後するが、恐怖の続く生活の中で笑い話のような事もあった。

「徴用によって生産された石部隊の木炭集積場へ県防団の炊事用木炭を取りに団員の金城久基、

金城盛清、比嘉久隆三名は、リヤカーを引いて林道を上って行った。シブギントウまで行ったら、うえの方から兵隊が二人やってきた。三名が立ち止まってみたら、びっくり仰天、米兵であった。三名は、とっさに道端の草むらにもぐり込んだつもりが、米兵は三名を無視するかのように通り過ぎた。三名は頭だけ草むらに突っ込み、まさに頭かくして尻かくさずの図であったという。

米兵二人は斥候の任務を負わされていたのだろう。部落の学校では日本兵が塩炊き、フパダチでは芋堀りをしていたが、二人の米兵は素通りして行ったという。たしかに斥候の米兵であったと思われる。その翌日未明から米兵は部落へ侵入して来て、塩炊き中の日本兵や食糧さがしに山を下りて行った友軍が、次々と学校近くや、楚意、ヌータ、イビガナシで射殺されたのである。

警防団は、これらの死体を収容し、墓地近くの畑で埋葬した。陰湿な山中の生活のためか、白いシラミが発生し着物の縫い目にくっついた。それをとって、両親指の爪にのせてプチプチ殺す時は恐怖感を忘れ、暇つぶしのひとときであった(親哲氏)。

七月になっても、特に変わったこともなく依然として単調な日々が続いた。米兵は毎日のように部落に来ては、部落周辺の原野で家財道具を避難させた小屋を捜索し、道具類を外へ投げ出したり、ぶらぶら遊んでは帰って行くのであった。

米兵が帰った後は、部落民や日本兵、他部落の避難民が山から下りて芋や野菜などをさがして歩いた。そして川で水浴びをして、暮れ行く野道を、再び山へ上って行く毎日だったのである。

このような日が毎日のようにくりかえされた。畑の面積にも作物にも限度があり、食料さがしもいよいよ困難になって来た。塩は徹夜で海辺で炊いて夜明け前に山へ帰って行った。この塩炊きに使った器は、ジャガイモやカンパンの入っていたブリキの箱であった。遭難船の積荷はここでも役に立ったのである。

（略）

季節は真夏である。梅雨もあけて暑い日がつづいた。ハブも出没する時期である。夜となく昼となく、あれだけ多数の人々が山中を移動し歩きまわっているのに、ハブの危害を受けた人が少なかったことは今もって不思議である。

雷鳴が大きくそれが多い年はハブの卵の孵化率が低くなり、そのためハブが少なくなるという言い伝えがある。戦時中は艦砲射撃や爆弾の破裂音、機銃掃射の音でハブの孵化が減り、また硝煙の発する硫黄のにおいをハブがきらって行動しなかったためではないかという説もあるが、真偽のほどは定かでない。いずれにせよハブの危害が案外少なかったことだけはたしかである。

しかし、それが一件もなかったわけではない。不幸にして咬まれた人もいたのである。それは翁長ナベさん（翁長）と宮城ウシさん（栄屋）の二人であった。翁長さんは夫が出征していて、当時八才の長男林広君を上に五名の子どもをかかえていた。下の子はチヌフクの非難小屋で生まれ、赤ちゃんの用便をかたづけようと夜間屋外へ踏み出したところで足を咬まれたのである。医者を呼ぼうにもその所在がわからない。救急用の薬があるはずもなかった。思いあまった八才の長男林広君がブリキの切れ端で傷口をつっつき、血を出し、それを口で吸い出して養生をつづけて治したという。このことは戦時中の一つの美談として部落の人々の間に語り継がれている。宮城ウシさんも同様、家族の懸命の治療で治ったという。

七月も下旬となり米軍が再び奥に駐屯して掃討戦が始まったのである。駐屯本部は乃木神社に置かれていたと思われる。チヌフクやナンガー西側の山では、信号弾を打ち上げていたのだろう、赤い煙がたち上ったりしていた。

その頃からもう戦争が好転するという期待感などは全くなくなっていた。部落民が集結しているナナチグス一帯の山々に米軍がやって来る日も時間の問題と思われた。いよいよ重大決意をしなければならない状況に迫まられていたのである。

七月も去り八月がやって来た。人々は米軍の動きに不穏なものを感じていた。

八月二日、時の区長上原直帯氏は決断を下すべく、山中で部落常会を非常召集した。部落常会を開くについては、部落有志、警防団と協議を重ね、畑中隊とも了解を得た。

ナナチグスの警防団本部前に人々を集めて、「これ以上避難生活を続けることは不可能である。部落民の安全を守るためには、米軍に投降し山から下りる以外にない」と人々に最後の自らの判断を示したのである。そして「私は皇国の必勝を信ずる者であるが、米軍がこの山に侵人して来るのは時間の問題である。万一部落民に犠牲者が出るような事があってはならない。どのような事態になるかは予断を許さないが、私はただ今から山を下りて米軍に降伏の交渉をして来る」と部落民に了解を求めた。

責任者として死を覚悟の悲壮な区長の決断と今後どうなるだろうかとの不安の交錯する中で、人々は涙を流して賛成したのであった。

交渉には上原直帯区長の外に英語が若干話せるということで小山さん（当時県の茶業技師、現茶業会長）と仲地喜行氏（当時国民学校校長）二人が加わり、二名で白い布切れを掲げて下山したのである。

乃木神社に陣取っている米軍と交渉のため三名は白旗を高々と掲げ、神社の長い階段を恐る恐る上って行った。隊長と無事面会して交渉は成功したのである。翌三日に投降することになったが、米軍はその日の早朝から山に上って来て避難小屋を一軒一軒捜索してまわった。日本軍が潜伏していないか、確認していたようである。軍人と勘ちがいされて銃を突きつけられ捕虜にされそうな人もあったが、家族の懸命な手まね足まねで納得させ難をのがれた人もいた。

八月三日、部落民は揃って下山することになった。その日は昨夜来の大雨で奥川は大洪水となっていた。川を渡らなければ部落へはたどり着かない。洪水のたびに落ちているはずのウッカーのピーが、その川は落ちずにちゃんと架っているではないか。これも何かの因果だと人々は思った。

数百人余の部落民は、このピーを渡って部落へたどり着くことができたのである。ピーを渡る時、手前の米兵は子どもや年寄りの手を取って手伝ってくれた。この光景を見て人々は、ひそかに安堵を覚えたのであった。奥部落民の役降は、沖縄戦の終息から一ヶ月余も後のことであった。これは情報が混乱し、正規の情報が入手不可能のためであった。

三月下旬から始まった避難生活にもいよいよ終止符をうつ時が来た。しかし、その間不幸にも玉城キヨさんに続いて上桁のおじいさんがシーバーの小川で米兵に射殺され、その外に病気衰弱等により四名の人々が亡くなった。

「部落において戦争犠牲者を最小限にとどめ得たのは、警防団の犠牲的精神と勇気ある行動によるものだ。終始一貫して部落民の安全確保と保護に尽力した団員の功績をわすれてはならない」と宮城親昌氏は語っている。

警防団員氏名は次の通り

団長　宮城親一、団員　崎原栄次郎・新垣森定・伊礼定次郎・上原秀古・金城三郎・宮城忠雄・崎原栄昌・宮城親明・比嘉久基・金城壮・照喜名隆・局袋栄二・金城盛清・上原直三・比嘉親昭・津波八十八・比嘉久隆・島田康・照喜名力次・宮城親哲。救急班　仲嶺アキ・神里ナエ・金城ミエ。防衛隊より　金城親三郎・金城親次郎・玉城仲助・宮城親徳・宮城博。

カイチ方面に避難していた人たちは洪水のため渡れず、翌四日に山を下りた。山を下りたらそのまま部落内に住めるものと思っていたら、そのまま荷物をかつがされ、年寄や子どもを背負って辺戸のウザ浜まで海岸づたいに歩いて行かされたのである。

辺戸へ着いてびっくりしたことは、辺戸上原一帯に米軍の天幕が張られトラックやジープがせわしく走りまわっていることだった。つい今しがた山中から出て米た人々にとってそこはまるで別世界のようであった。

ウザ浜から米軍用のトラックに乗せられて連れて行かれた所は、大宜味村の饒波と喜如嘉、村内の半地、桃原、兼久、上島等で、皆散り散りに収容されたのである。

半地、喜如嘉に収容された人々の中で、五〇才までの者は更に羽地田井等の収容所に連れて行かれ、名護、今帰仁、本部等で米軍の使役として働かされた。収容先では辺土名の駐留軍からの配給物資を受けて生活を続けた。

直帯区長は各方面に分散収容されている部落民を、辺土名兼久一ヶ所に収容さすべく、各収容所に使者を派遣して交渉させたが、米軍の許可を得ることはできなかった。

また部落に残してある衣類や生活家具、畑に残っている芋を取りに米軍の許可を得て数里の道のりを往復することもあった。収容人員は辺土名兼久が圧倒的に多かったため、部落の臨時的な事務所もそこに置かれた。

短期間とはいえ学童をそのまま放置しておくことはいけないと、学校らしきものも収容先にできた。辺土名兼久の桑畑の桑の木陰に集まって先生の話を聞く程度のものであった。学級も教科書も何もない、裸の学校であった。ちょうどその頃、昭和八、九年生の生徒数人がちり捨てか何かの用事で兼久の海岸へ行く途中、戦時中に埋設したと思われる地雷に触れて爆発、そのうちの一人仲前の秀清さんが直撃を受けて即死した。終戦直後の事故で、じつに痛ましい事故であり犠牲であった。数人のメンバーの中、宮城悦生、宮城久一氏らはそのとき負傷した傷あとを今も残している。

ふるさとへ一日も早く帰るためには、現在住んでいる収容所の家屋敷を整備し、環境を立派にしておかなければならないと考え、有志の指導によりそれを実行した。また兼久の畑を割当てして耕し、芋を植え付けたりして食料確保に備えた。植付した芋の収穫前に部落へ帰ることになり、兼久の人々からは喜ばれ感謝された。

一〇月四日、米軍より帰郷してもよいとの許可が出たので部落の人々が収容されている所に連絡して翌五日に一斉に奥へ帰ることになった。このように二ヵ月余にわたる異郷の地での収容生活から解放され、なつかしの故郷へ帰ってきた。そして人々の戦後の厳しい生活が始まっていくのである。

（奥のあゆみ刊行委員会編『奥のあゆみ』一九八六年　第一五章「戦争と奥部落」より誤字等を訂正して抜粋した。なお、この部分は宮城親哲氏の原稿をもとに奥のあゆみ編集委員が記述したものである。）

二、インタビュー記録
——奥出身者の太平洋戦争

(1) 八幡製鉄所からニューギニア戦線へ

宮城昌一（大正六年一一月一〇日生）
屋号：門ン屋（ドーンヤー）

（宮城昌一さん自身が書かれた履歴）

昭和七年　奥高等小学校卒業
　　八年　学校小使いとして働く
　　八年　共同店で小使いとして働く
　　九年　共同店退職
　一〇年　郵便局
　一二年　支那事変
　一三年　徴兵検査（二〇歳）
　一四年　八幡製鉄所勤務

一五年　四月招集、北支那へ
一六年　北支那より帰還
一七年　一月小倉陸軍造兵廠（ぞうへいしょう）
　　　　※武器・弾薬などの設計・製造・修理などを行う軍隊直属の工場
一八年　五月陸軍輸送司令部
一九年　第四九碇泊場司令部マレー半島へ
二〇年　パラオを経てニューギニアへ
　　　　ニューギニア島にて八月一五日終戦
　　　　一二月一〇日ニューギニアより帰る。広島へ入港
二一年　柳井国立病院（国立療養所）入院
二二年　マラリア治療
二五年　沖縄へ帰る

――こんにちは、今日は暑い中ありがとうございます。この前は共同売店のお話を聞かせてくださりありがとうございました。今日は戦争体験のお話ということでよろしくお願いします。

昌一さんは奥で生まれ育って、奥で学校をでられたのですよね。初めて奥から出たのはいつですか？昭和七年に高等小学校を卒業なされて……

（昌一）卒業してから小学校で小遣いしておりました。その後、共同売店で四番バッターの小遣いとして働いた後、奥郵便局で勤めました。

昭和一二年に支那事変が勃発しましたが、その翌年徴兵検査。体が小さくて乙合格だったので、すぐには徴兵されず、八幡製鉄所で働いていました。一年くらい。

――八幡製鉄ではどんな仕事をなさっていたのですか？

（昌一）一年ぐらいおりましたかな。あまり期間は覚えていませんが、ベルトコンベアで仕事していました。体が小さくて重労働に慣れていないので大変でした。あまりにもきついので逃げようかなと思っていた矢先に徴兵されて支那に行ったのです。

――招集されて最初はどちらへ？

（昌一）宮崎の都城。二三連隊。半年くらい訓練を受けてから北支に行きました。そこで一年少しいた後、日本本土に帰りました。

小倉に戻って約一年すごし、また陸軍輸送司令部に入って、一八年にマレー半島。第四九碇泊場司令部（※陸軍船舶司令部船舶輸送司令官隷下）というのがあったのです。パラオに行ってからニューギニアに行きました。向こうでは、二一～三個師団くらいいました。

一五万人くらいいたそうです。

私は、やられた船を修理する碇泊場司令部に三ヶ年くらいおりました。日本は飛行機もなく爆撃されるまで、食料もありませんでした。ニューギニアには道がなく、食料を届けるには船しかないのです。しかし、アメリカの爆撃でやられてばかりです。食料を運搬できないので、各地で食料不足でしたが、運べないのであるところにはあるのです。私はマダンの集積所にいて、軍人ではなく軍属でした。

当時は事務員とか旋盤とか軍属も多かったです。占領したらすぐその土地の工場を接収して現地の人を使って船の修理をさせたり部品をつくっていましたが、その仕事を私はしていました。戦闘で壊された船や機械の修理の仕事をする軍属です。

しかし、日本はボコンボコンやられてばかりだし、第一線の兵隊たちもほとんどが餓死で死んでいきまし

た。ほとんどの兵隊がマラリアにやられていましたね。食料もないし。そんな状況の中で、三年間ニューギニアの山の中にいました。

そして、三年後にやっと船が迎えに来ました。自分では元気だと思っているのですが、体力がなく、船に乗りこむための階段を登りきれないのです。船員が背中を押してくれて、ようやく船に乗れたのです。骨と皮でしたから。

――ニューギニアの山の中では何を食べておられたのですか？

（昌一）食べられる葉っぱを探して食べたり。兵隊は鉄砲を持っていたからイノシシや鳥を撃ってました。とにかく、なんでも食べて生き延びていました。ニューギニアにはサゴヤシがあって、それからでんぷんをとって食料にしていました。決して美味しいものではなかったのですが、それしかなかったのですよ。

そのサゴヤシがあるところを求めて、各部隊とも次の部落へと移動していました。もういくさどころではない。各部隊とも命を繋ぐためだけに移動していました。

サゴヤシのでんぷんはおいしくないので、小さなビンに塩とか入れてそれをかけて食べていました。粉味噌があったらいい方で、精鋭部隊が海岸で塩を炊き出して各部隊に配給していました。戦闘をしながらですよ。戦闘部隊の食料も確保しなくてはいけないので。人間とはそういうものでしたよ。

マラリアでも戦闘でもたくさん亡くなりましたよ。悲惨なものでした。一五万人くらいいたのが、一万五千くらいになったと聞いています。

帰りの船の中では、お粥だけでした。いきなり甘いものあげたら死んでしまうということで、お粥だけでした。本土に帰ると寒くて寒くて、火もないので、それで死んでしまった人もいました。

――**引揚げたのは、昭和二〇年ですか？**

（昌一）はいそうです。ニューギニアは一番早く帰れるように政府が手配してくれたようです。最初は広島の柳井に上陸しました。(1) バラック小屋だったので寒くて、暖房もなく、ガタガタ震えて大変でしたよ、みんな。

――**ニューギニアの島の人との交流はあったのですか。**

（昌一）そうですね。うまく島の人をだましてというか。

船でセプク川という大きな川を上って、島の人が住んでいるところに行って、食料をもらったりするのです。兵隊の中にはすぐにピジン語を覚える人がいて、「君たちと僕たちは兄弟だ。悪いアメリカを追い出すために一緒に戦おう」と言ってすぐに仲良くなっているのもいました。向こうは魚もあるし野菜もあるし、とてもよかったです。

――**ニューギニアの人は日本軍に対して協力的だったのですか？**

(昌一) 日本語を習うのですよ。日本の兵隊から。逆に私たちが現地の言葉を習ったりして、とてもいい関係でした。

——先にアメリカ兵が入っていて、すでに反日の宣撫工作がなされていたということはなかったのですか?

(昌一) そういうことはなかったです。僕らのところではなかったです。でも、アメリカはアメリカで、日本軍に協力したらひどい目に合うというような宣伝をしていました。日本は日本で、宣伝合戦でした。

——一二月に広島まで戻って。それからはどうなさっていたのですか?

(昌一) 私はマラリアに罹っていることもあって入院生活が長かったのですが、その後は、長崎に親戚がいたので軍艦島というところにいました。それから、大阪におじがいたので、それを頼っていきました。

——同じ部隊に沖縄の人はいませんでしたか?

(昌一) いました。何人か帰ってきたのですが。いや、ニーギニアではいませんでした。支那ではいました。最初に召集された人たち六百名くらいおりましたかね。三ヶ所に分かれていました。

あ、同じ奥出身の島袋栄寛(エーカンヤ)がいました。部隊は別でした。彼らはニューギニアの山を越えて反対側の方に撤退したようですね。戦後二度奥に戻ってきて少し話したくらいですが、ニューギニアの山は高いから、寒くて凍死した兵隊も多かったそうですよ。

――ニューギニアで最も苦労したことはなんですか？

（昌一）いやあ、苦労だけですよ。ただ、セピク川にいる時、現地の人から言葉を教えてもらったり日本のことを教えたりしている時は楽しかったです。日本兵も軍属もごっちゃでした。彼らがイノシシの肉や魚やバナナやスイカを持って来たりしてくれましたから。

――そういうお話は、これまであまりなされてないですか？

（昌一）全然したことないです。

――沖縄の人から沖縄戦以外の話を聞く機会があまりなく、とても貴重なお話でした。今日は本当にありがとうございました。

聞き手：島田隆久・宮城能彦。二〇一〇年六月一九日14：55～17：32　奥民具資料館にて

註

(1)柳井は山口県。近隣の広島県大竹市に「大竹引揚援護局」があり、ニューギニアからの引揚者も多く受け入れているので上陸は大竹の可能性もある。

(2) 伊江島徴用―飛行場建設作業―

知花フミ(大正一四年二月九日生)
屋号:高信屋(コーシンヤー)
宮城静(大正八年四月八日生)
屋号:栄門(イージョー)
宮城節子(大正八年一〇月二三日生)
屋号:門ン屋(ドーンヤー)

――**伊江島で作業なされたんですか?伊江島はとても大変だったと聞いておりますが。**

はい、飛行場づくり、モッコ担いで。今考えるととってもおかしくて。もう大変でしたよ。運が良かったから生きて帰ってこれたんですよ。あそこで、一〇・一〇空襲にもあって。

――**伊江島に行かれたのは、幾つの時ですか?**

もう三人とも二〇歳を過ぎていました。二人は二五

歳。学校は卒業していましたが、まだ結婚してませんでした。みんなで本部まで歩いて行きました。役場の人が引率していたと思います。役場から命令が来ていました。一日で行きました。本部から軍の舟艇に乗って。奥からは二手に分かれて、男の人もたくさん行きましたが、今残っているのは私たち三人だけです。暑くも寒くもなかったから秋ごろですね。昭和一九年の。

作業はモッコ。自分たちで耕して、二人でモッコに入れて運んで。飛行場の周囲に穴掘っていました。

一〇・一〇空襲の時は、私たちは朝ごはん食べている時だったから助かりました。ご飯は穴の中で食べていたから。

焼夷弾がたくさん落ちて、布切れがヒラヒラしてました。みんな逃げ惑って防空壕に隠れてました。立派に掘ってある防空壕でした。頑丈にできていて、きれいにしていました。たくさんの人がそこに隠れました。だけど、そこも危ないということになって、海岸の（自然）洞窟に兵隊も一緒にみんな隠れました。そこには女の人が兵隊と抱き合って隠れていました。慰安婦というものだったんでしょうね。

伊江島では朝は顔を洗う水もなくて。そのまま現場に行ってました。空襲が来るまでは小屋があって小屋で寝泊まりしてました。

当時、伊江島には、向こう岸にいる人の顔が見えないくらい広い池があって、そこで顔洗ったりしてましたが、そこでは、牛を浴びせたり、人間が足を洗ったり、芋を洗ったりしていて、よくもまあ病気にならなかったものだと思います。銀蠅がブーブーしてたくさん飛んでいました。

――病気になった人もやはりたくさんいたんでしょうね。

誰も病気にならずにみんな無事に奥に帰ってきましたよ。舟艇で本部まで連れて行ってもらって、そこから名護を通って帰りました。一〇月の空襲のあとは作業がなくて。

――空襲の後解散になったのですか？

いや、係りの人が、国頭の人は帰ってもいいと言われました。国頭村の人は現場でよく働くといってとても人気があったんですよ。軍から。だから、国頭と言えばなんでも優先的にしてもらえました。だから早く帰れたのです。裸足なのにあんな長い道よく帰って来れたなあ。

（島田）国頭の総監督は国頭村半地の糸満みよこさんのお父さん（平安基禄・明治二八年生）でしたよね。

はい。みよこさんのお父さんです。戦争になってから、「みんな待っていなさい。私が最初に入るから」と言って、あの人が最初にお墓の中に入って、その後「みんな入りなさい」

と言って。一週間くらい入って隠れていましたお墓に。食べるものないから、食料はうーじ(砂糖キビ)でした。だけど、切れ端しかなくて、みんなこれしかないから。

――一〇・一〇空襲ではケガしたり亡くなった人もいたんですか?

亡くなった人もいたでしょうね。見てはいないけど。ケガした人は見ました。大宜味の人だったけど、大けがしてかわいそうだった。みんな逃げたけど、壕のなかに一人だけ残っていました。ケガして歩けないから。

帰るときは、郵便局から奥の郵便局に電話して、「みんな無事ですよー、無事で帰るからよー。」って。千代(恩納村の民宿経営。当山スミの母。大正一三年生)が奥の郵便局にいたからね。車に辺土名まで乗せてもらって、辺土名で泊まって、辺土名にシーちゃんがおったから。

小学校の先生に会いました。与座先生。

――奥も一〇・一〇空襲の被害を受けていますね。

（島田）一人、田ン根の娘（玉城キヨ）が三月二三日の亡くなっていますね。

奥ではまた石部隊に使われて。木炭運搬。伊江島から帰ってきたらすぐ。奥の人たちは炭焼きしておったよね。山から浜まで運びました。でも空襲で船も焼かれて、木炭（小屋）も焼かれて。

その後、みんな山に逃げて。みんなバラバラに。

（島田）浜には倉庫があったから。辺戸岬に米軍の陣地ができたから、ある程度のグループを作って山に逃げた。

若い女はどうするこうすると危ないからと言って、こんな大きな着物を着けて、髪もバサバサにして、カッコ悪くして。山から下りて行ったよ。洪水で川を渡ることができないからピー（樋）を渡って。ピーから降りたら、辺戸の下にある宇座浜まで歩いて、その後米軍の車に乗せられて辺土名の捕虜収容所に連れて行かれたさ。

聞き手：島田隆久・宮城能彦。二〇一〇年六月一九日14：55～17：32　奥民具資料館にて

(3) 伊丹鉄工所徴用

宮城奈津(昭和四年一〇月一〇日生)
屋号：前宮城(メーミヤギ)

(島田) 奈津さんは高等科を卒業して、国の命令、役場の命令で女性が四名割り当てされて、軍事工場に行った人の一人です。あとの三名はだれですか？

(奈津) 今の姓でいいですか。宮城百合子(上ノ大屋)、金城タツエ(仲門)、(旧姓)平良恵美子(井ン根)。

尋常高等小学校を卒業した七月に行ったんですよ。それまでも、防空壕ばかり掘っていました。最初那覇に行って、そこで一週間訓練を受けてから船に乗っていきました。ちょうど明日船が出るという時にサイパン島の玉砕という(ニュースの)紙が張り出されていたんですよ。あんな最中に行ったんですよ。

那覇から船に乗って鹿児島まで。鹿児島には会社が

迎えに来ていました。

私たちが行ったのは、兵庫県の伊丹、伊丹鉄工所というところでした。鹿児島から夜行列車にのって、昔の汽車は煙がすごくて、トンネル出たら顔真っ黒にして、笑いながら行きました。鐘ヶ淵という所だったんだけど、鐘ヶ淵機械工業株式会社というところでした。行った翌日から一週間だけ昼勤していましたが、二週目からは一週間交代の夜勤でした。二交代して夜勤して。泣いた時もありました。

――**どういう作業だったのですか？**

（奈津）こんな大きな旋盤というものをもたされて、あれで、飛行機の部品とかいうもの、管みたいなものを作ったのですが。まだ、体が小さいから高い台に立って旋盤を使っていました。

――**それは、工場に行ってから初めてやり方を教わったのですか？**

（奈津）はい、バイトという材料を切るものがあったけど、よくそれを折ってしまって怒られました。最初の頃は要領もわからなくて。よく折って叱られました。金屑で手も切って、どこもかも。ケガもよくしよったですよ。金屑で。鉄をこうやってつくるものだから。

――**四人とも一緒に同じ工場ですか？**

（奈津）はい、同じ工場で。各学校から三百名ほど一緒に行きましたけどね、沖縄から。うちの学校からは四名。各学校に割り当てられてました。卒業する前に誰々は行くことになっていると言われました。奥から四人。奥尋常高等小学校から。

――女の人だけですか？どうやって選ばれたのですか？

（奈津）はい、女の人だけ。先生が選びました。それはもちろん親とも相談していましたけどね。当然、給料はありましたよ。いくらかは忘れたけど、六という数字がありました。六〇円だったのか、六円だったのか……とにかく六という数字を覚えています。一応、給料はもらえました。

夕方の八時から翌朝の八時まで、夜勤の場合は。二週間目は交代して昼勤一週間して、また夜勤。一二時間ほとんど立ちっぱなし。機械は休む暇なくて。いくさ勝つために。あはは、負けたけど。

――途中で、ニーブイ（居眠り）したりしませんでしたか？

（奈津）いや、そんな暇はないですよ。ベルトはガチャガチャ回っているし。機械はずっと動いているし、ニーブイしたら自分が怪我しますから。

――七月に行って、それからどれくらいいらっしゃったのですか？

（奈津）そのまま終戦までいました。
終戦後も同じ工場で一年ほど仕事していました。その後引揚命令が出たので、引揚げて

（沖縄に）帰ってきました。

終戦後は、雑用というか、終戦前にやっていた仕事とは違っていました。二年いたことになります。昭和一九年の七月に行って、二回お正月をしました。向こうで。それで、何月だったかね、帰ってきたのは。

収容所に着くために白い粉、ＤＤＴ（虱駆除のための殺虫剤）を撒かれてね。

――工場は空襲の被害はなかったのですか？

（奈津）空襲はありましたよ。工場は焼けなかったけど、焼夷弾、爆弾を落とされました。宿舎も工場の敷地内にありましたが、宿舎も大丈夫でした。

飛行場があるでしょう。伊丹に。その関係でなのか、空襲が激しかった。夜はもう、空襲があった時は、稲川という川がありましたが、川に避難しよったです。

――防空壕ではなくて、川に。

（奈津）はい、川に。防空壕に入ったのは奥にいる時、生徒の時だけですよ。防空演習はよくやりましたけど。

――沖縄に帰りたくてしょうがなかった？

（奈津）沖縄に帰りたかったけど、だけど、親も（生存して）いるかどうかわからないし、情報も何にも入らないから。とにかく、引揚命令がでたから、引揚船に乗せられて帰ってきて。

帰ってきたら……。

――沖縄は玉砕したという風に言われて……

（奈津）そうそう、沖縄は玉砕したと言われました。本土の空襲もだんだん激しくなってね、沖縄がやられたからというニュースも聞きました。

原子爆弾が落とされた時など、白い服は下から着て、上から黒い服着なさいと言われたこともありました。原子爆弾は光の反射があるから。白い服着ていたら危ないから、白いのは下から着けて上から黒いの着なさいという命令もありましたよ（笑）。

――引揚戦に乗るときは貰った給料とかはもってたのですか？

（奈津）はい、沖縄の人には特別に、何だったかね、引揚げてくるときに何か特別にありましたよ。給料のほかにね。沖縄県人会からという話でした。工場からではなくて。そのお金は沖縄に引揚げても使えました。

呉までは汽車、呉の港から引揚船にのって、中城湾につきました。

――インヌミーと言われるところですか。

（奈津）はい。あっちに着いたら薬（ＤＤＴ）をたくさん撒かれました。アメリカのコンセットに一泊か二泊して、「国頭の人はこの車に乗りなさい」という命令があって、宜名真までその車に乗せられて、そこから山道を歩いて奥まで帰ってきました。

（島田）その時も四人は一緒ですか？

（奈津）いや、百合子はいくさが終わった時に、「頼れる人がいる人はそこに行きなさい」と会社から言われておじさんのところに行きました。恵美子と二人だけ一緒に帰ってきました。タツエは親戚のところへ。いくさが終わったから、仕事もないから、頼れる親戚がいる人はそこに行きました。引揚船で帰ってきたのは恵美子さんと二人だけ。

昭和二一年の一一月じゃなかったかな、お正月前でした。

帰ってきたら家族はみんな元気でした。

――向こうで一番辛かったのは何ですか？

（奈津）夜勤でしたね。国のために働きなさいという教育を受けていますから、働くのは当たり前と思っていましたが、それでも夜はきつかったですね、慣れるまでは。

それで、機械の部品が壊れた時に係りの人から怒ら

れたりしました。殴られたりはしなかったですが、大きな声でよく怒鳴られました。

――工場はみんな沖縄の人ですか？

（奈津）いや違います。内地の各県から学徒動員でたくさん来ていました。女学校から来る人いるし、中学校から来る人もいました。大人も子どももみんな働かされて。男の人たちはみんな兵隊に行くでしょう。だから女子供や歳いった人たちとか。あっちからもこっちからもたくさん来よったですよ。

――ほかの県の人と友達になった知り合いになったりはしませんでしたか？

しましたよ。いくさ終わってからは、あちらで一緒に遊んだり写真撮ったりしましたよ。

――沖縄から来たからといって何か特別なことはありませんでしたか？

いえ、全然なかったです。みんな一緒。

聞き手：島田隆久・宮城能彦。二〇一〇年六月一九日14：55～17：32　奥民具資料館にて

(4) 糸満から帰り奥の警防団へ

宮城親明(昭和二年八月二七日)
屋号：親四郎屋(シンシローヤー)

(親明) うちは防衛隊にも、護郷隊にも行けなかったんですよ。なぜならば、戦前から糸満にいたものだから。

糸満で漁師をしていたんですよ。そしたら親方さんが、「いくさが来る！来る！」と騒いで「戦争が終わるまでお家に帰っていてください」と言って帰しよったんですよ。

奥に帰ってくると、そしたら、国頭村には籍がないでしょう。現住所が糸満だから。だから、防衛隊にも護郷隊にも入れないわけ。名簿に名前がないから。そのおかげで今私は生きているんだと思いますよ。

伊江島には一回行きました。九月に。糸満から戻ってきてすぐに伊江島に行って。その後糸満には帰れな

いでしょう。いくさだから。そのままこちら（奥）に留まったわけ。一〇・一〇空襲はこちら（奥）であいました。伊江島から戻ってきた時。

（島田）糸満から伊江島に行ったんですか？

（親明）いえ、私は、自分のたまし（役割）ではなくて、当時の（奥）部落の役員の誰かが行けなくて、その代わりに行ったんですよ。

――糸満に行かれたのはお幾つの時ですか？

（親明）一六歳の時。それから三ヶ年くらいいました。（奥に戻ってきた時は）まだ三年経っていなかった。たいてい慶良間の阿嘉で潜っていました。スルルグヮー（きびなご）という餌になる魚を取るが仕事で、その後は親方が釣りをするのを船で手伝っていました。あれはそんなには採れなかったなあ。ダイナマイトで採ったから。

奥に帰ってきて、伊江島に行って、また奥に帰ってきて空襲にあって。その時はもう戦争が激しくて糸満には帰れなかった。それで部落の警防団というところに入ったんです。警防団には本部と支部がありましたが、うちらは本部詰めだったんですよ。本部は、今の上新屋小（ウーミヤンクヮ）にありました。支部は奥一七六番地の後ン当小（クシントーグヮー）です。※屋敷には今でも防空壕が残っている。

（親明）警防団の仕事は、部落民を守る監視です。見回りとかするんですが、たくさんいました。

奥だけで四、五〇人いました。山に避難していたから、監視所で警防団が監視して。辺戸岬にアメリカの部隊がきていて、しょっちゅう奥に来るものだから、それを監視していました。アメリカさんが奥の部落に入ってきたら、あっちこっち駆け回ってみんなに連絡するんです。部落民を避難させるために。そういう役目でした。アメリカさんが帰ったら、「解除になったよう」って呼び戻したり、そういうことをやっていました。

――アメリカ兵はジープで来たんですか？

（親明）いいや、徒歩で。車が通る道なかったから。舟艇にジープ載せて来たりもしよったです。舟艇から上陸して、ジープで山に入って行きよった。一号林道は全部ずっと山奥までアメリカさんが電話線を張ってました。道に向かって機関銃を備えておったんですよ。

いま考えたら命知らずだったと思うこともやりました。

日本の手榴弾は安全ピンをとっても叩かないとすぐは爆発しないでしょう。でもアメリカさんのは糸を引っ張ったらすぐ爆発するんです。

時々、木の股に手榴弾が掛けられていました。アメリカさんがです。アメリカさんは奥に泊ったりせず、夕方になると必ず辺戸岬の陣地に帰って行きよったです。アメリカさんが帰った後に、その手榴弾を外して、奥川の川上に持って行って、そこには魚がいるから、魚を取りよったんですよ手榴弾で。食べるもの何もないから。今考えたら命知らずだったなあと思ってね（笑）。

――アメリカの手榴弾は糸を引いたらすぐに爆発するって知っていたのですか？

（親明）わからないですよ。手榴弾には握るところがあるけど、それを外したら爆発するんです、アメリカさんのは日本のと違って安全ピン抜いても手を離さなければ爆発しない。最初はわからないから失敗したわけですよ。糸引いて、投げたら爆発するものだから、こういうモノなのだなあといって、次から扱えました。

――アメリカ兵は何のために手榴弾を置いていったのでしょうか？

（親明）人を殺すためでしょう。やっぱり戦争だから。糸を引っ張ったらすぐに爆発するのだから。罠みたいなモノでしょうね。

――手榴弾が爆発する音を聞いてアメリカ兵がまたやって来るということはなかったのですか？

（親明）いえ、夜だから。来るのは昼だけです。夜は来ない。東糸満（アガリイチマン）の糸満盛順（昭和八年生）は万年筆爆弾でやられたんですよ。奥の宮城屋（屋号：ミーグスクヤー）の前で。

山を降りるときは、信夫さんのお父さんの直帯さんが区長だったので、部落常会をして、仕方がないから降りることにしたらしいですが、うちらと、田ン原（タンパラ）と、翁長小（オナガングヮ）と一緒で、だいたい一五軒くらいはその前の日にアメリカさんに見つかって、その場から連れていかれたわけ。

部落民は翌日。翌日は洪水だったので、部落民は水に浸かって樋（ピー）から渡ったというんだけど、うちなんかは前の日だったから、それはわからないわけですよ。

（島田）最初に行った組はだれだったのですか？

（親明）カイチ（地名）に行っていた組はヒクリン（地名）組より一日遅れました。前口小（メークチグヮー）、田ン原（タンパラ）翁長小（オナガグヮー）、東溝畑（アガリィバタ）、田ン原小（タンパラグヮー）、田ン根（タンニ）、だいたい一四、五名。そのくらいしか覚えていない。

最後はみんな、ナナチグスに集まりました。

――戦後はずっと奥にいらしたのですね。お元気だから昭和二年生ではなく一二年生かと

思ってしまいました。今日は貴重な証言ほんとうにありがとうございました。

聞き手：島田隆久・宮城能彦。二〇一〇年六月一九日14：55〜17：32　奥民具資料館にて

(5) 祖母が奥で最初の捕虜に

宮城安輝(昭和三年一二月二〇日生)

屋号：田ン原(タンパラ)

(安輝) うちらは学校時代、球(たま)部隊の兵隊壕を掘ったんです。生徒も一般の人もみんな協力して。ひとつは上に、ひとつは海端の方に、二ヶ所。(敵の)船が来るという想定で。

そのほかに、監視所を作って、見張り番をしていたんですよね。あの頃は何も怖くなかったですね。

「スイの避難小屋(ヒナングヮー)」といって、一〇・一〇空襲後に避難してきた勝連の人たちを受け入れるための避難小屋を各班ごとに作りました。その人たちが来たら、すぐにここに入ってもらうという態勢で、奥部落のウエーデー(2)という方式で、スイ中山という所に作ったんです。

個人的に頼りのある人たちとか、個人で奥に入りたい人たちは、あちこちの家に配分して、避難民を歓迎しました。

昭和一九年頃に警防団を組織しました。あの時はうちらが一番若かったんですよ。本部は上新屋小(ウーミヤングヮー)ウンヤー小というところ、支部の方は後ン当小(クシントーグヮー)に置きました。支部には若い者をおいて、先輩たちは本部の方に。

お正月、一月一日、新正月の式典を学校であげてから帰るときに空襲警報がかかったんですよ。そしたら、東大屋(アガリンプラ)の上原直蔵(明治一九年生)というおじいさんが、山に一人だけ登って行ってたのを監視所から見たのを覚えています(笑)。

警防団を組織してあちこちを監視していたから、いろんなものを見ていました。

二月頃、本部を部落の中から山の方に引っ越したんです。いつでも部落が見えて監視できるところに。そこに長らくおって、次にアンガーというところに自分たちで小屋も作って、ウフドウと言って、今の琉大山荘(戦後の旧中学校)の向こうの道にタンクがありますが、そこは監視所だったんですよ。

ある時、船が遭難したんですよ、食料を積んでいる船がシルカニジの海岸に。乗組員は五人で、けがをしていたので、民家に連れてきて養生してもらって元気になったから帰したんです。兵隊さんが来て、遭難している船から荷物を岩穴に突っ込みました。うちら警防団も手伝いました。そのシルカニジの浜に（アメリカ兵が）食べた後のカラもあったんです。アメリカーたちは下からずっと山道を琉大山荘のところまで上がって来ていたんです。

アメリカーが来るのを見て、うちらは監視所から見ていたので裏側から逃げたのですが、下門小の玉城仲助（明治四五年生）、今はもう亡くなっていますが、あの人は、道の上の方に大きな木が倒れていて、それの陰になってアメリカーが来るのがわからず、気がついたときは逃げることもできなくなっていて、死ぬんだったら刺し殺してやるといって持っていた短刀を構えたんですが、なんとか助かって戻って来ていました。うちらはとても心配していたのです。戻ってこないから。

石部隊が無線機を持っていたので、石部隊のところに行って、どこに移動するか連絡を取り合っていました。部落民を助けるため警防団と協力して、四から五月頃までだったかな。その後、石部隊がウニシの森の裏側に行った後は連絡がとれなくなりました。それからは警防団だけで部落民を助けようということで、お互いに連絡をとりあって、うちら若い者が、あちこちにいる避難民に連絡して、今日はどこにアメリカーが来そうだから東に移動しようとか、やりました。

幸いにも辺戸の牛が奥にやってきたので捕らえて、毎日夜一頭ずつ殺してから、安い値段で売りました。だから食料には困っていないですよ、奥は。自分たちが育てた芋もありましたから。警防団は牛を連れてきたりして忙しかったです(笑)。

七月の末頃、日本の敗残兵が入り込んできました。ある敗残兵三人は嘉手納の航空隊ということでした。その人たちが、自分たちを与論島まで船で逃がしてくれ、そこに飛行機があったらまた戦いたいというので、私たち警防団はぜひ協力しようということで、くり船、サバニを出して与論島まで兵隊を届けました。

送っていったおじいさん達が、与論島から酒を買ってきたんですよ。そうしたら、石部隊の兵隊が酒を分けてくれと言って鉄砲を向けたのですが、駄目と言いました。あとから少しはあげたようですが。先輩たちから聞いた話です。

爆弾が落ちたのは何月だったかな。田んぼの真ん中に爆弾が落ちて、その破片が家まで飛んできて牛の背中を直撃したので、牛は暴れて鼻輪を切って逃げて倒れていました。死んでいるんだなと思ったら、まだ暖かいんですよ。

ちょうどその時、うちには七〇代のおばあさんがいたのですが、そのおばあさんが、歩けなくて山に行けなくて防空壕に隠れているはずだったのですが、道に迷って疲れたので家で休んでいたんです。着物を干して。牛を見に来たら、家に着物が干してあるので、見てみたらおばあさんが寝ているんですね。

「明日になったらアメリカーが来るから一緒に山に逃げよう」といったけど、疲れたから行かない、明日行くというんですね。翌日、アメリカの水陸両用戦車が奥の港から入ってきて、神社の鐘をとっているんですね。その時、奥でアメリカの捕虜になった第一号はうちのおばあさんなんですよ。その船で羽地(の捕虜収容所)に行ったのですよ。翌日家に行ったら着物は干したままだけど本人はいない。

その後、羽地で亡くなったようです。結局会えませんでした。栄養失調か何かで亡くなったのだと思います。年寄りでしたから。亡くなった後知って、お骨を羽地に取りにいきました。

捕虜第二号が、山の反対側にキャンプしていた奥区の医者の真順さん(大宜味村出身)と新地(みいじ)の家族です。あの人達から聞いたんですね。「あんたのおばあさん(羽地の収容所に)いるよ」と。

あの人達が、「アメリカは大丈夫だよ、降りてきなさい」と言うんだが、「スパイ」だといってなかなか聞かないんですよ。それで、あとは部落総会でどうするかとなったんですね。そして、「それでは降りよう」ということになり、誰が交渉に行くか?で、行ったのは区長の上原直帯さん、仲地喜行校長、そして茶業技師の小山先生という方がいらしゃたんですよ。三重県の方が。小山さんは少しは英語がわかるんですよ。その三人が白旗を持って降りてきて交渉して、そして翌日降り始めたんですよ。その時は大水でね。川を渡っている樋（ピー）ですね。命の樋ですよこれ。この樋を一人一人わたったのですよ。命綱みたいな格好で渡ったのですよ。そんな苦労をして。その翌日は（皮肉にも）晴れておったんですがね。

うちのおやじは球（たま）部隊にいたんですよね。おやじが帰ってきて一緒に山手の猪垣のところに行った時に、向こうから無線機を持ったアメリカが五・六名来て、うちのおやじをすぐに引っ張って行ったんですよ。今のお宮のところにアメリカの本部があったけど、そこに連れて行かれた。それから、おやじとアメリカが家に一緒に帰ってきて、「うちの家族はこれだけですよ」という感じで紹介したら、缶詰とかパンとかお菓子を持たせたんですよ。

うちのおじいさんとおばあさんは足が悪かったのでアメリカの車、ＧＭＣに乗せられたんですね。一緒だと思っていたら、あの二人は（国頭村）半地で降ろされて、うちらは大宜味の饒波の方に連れて行かれて別々になったんですね。それで、その後しょっちゅう連絡とりあいながら奥に帰ってきたんですね。

帰ってきたらもう、奥は草ぼうぼうでもう、ほんと足の踏み場もなかったですよ。牛が死んでいるところもあるし、山の方も草が生えているし、ほんとうにたいへんだったですよ。

（島田）あの牛はどうなった？

（安輝）腐って、そのままですよ。爆弾でそうとうやられましたからね、山には半年くらい居ったと思うんですよ。山暮らしがね。

スイのタカバテーという尖った山に監視所があったわけ、二ヶ所に。監視に行かない人たちは家族を回って連絡とりあってから、何日何時頃、全部一緒に山を降りなさいということで連絡をとりあっていたんです。

タカバテーで、一人の子どもが監視所に走ってくるのをアメリカに発見されて、子どもが殺されよったですよ。その前の日に日本の兵隊がアメリカーにケガさせられて。そういうことがタカバテーから良く見えるんですよ。日本兵が担がれていくのを見たんですよね。

日本の兵隊が木炭を作らせて、それをたくさん山に置いてあったのをリヤカーで取りにいったことがありますが、三名で、（屋号）前仲（メーナカ）の比嘉久政（昭和四年生）と（屋号）久隆屋（キュータカヤー）の比嘉久隆（昭和四年生）とうちと三名。「今日はアメリカいないからゆっくり取ってこような」と言って、山手の方に。そしたら二人のアメリカーと鉢合わせして。うちらはチャーハイして逃げてですね。一人の青年が土手に頭突っ込んで隠れたんですね。「頭隠して尻隠さず」ですよ（笑）。アメリカーが恐いっていってね。

その頃、日本兵は学校のところで塩炊きをして居ったんだが、二人のアメリカーが通るのを塀に座って見ておったらしい。そうした翌日アメリカの攻撃があった。日本兵がいるということが分かったから。八名の日本兵が来るのを墓のところで待ち伏せして、あとからゆっくり来た兵隊もみんなやられたんですよ。

　その時、警防団長の屋小の宮城親一さんという方の子どもが亡くなったので、奥は小さな子どもはお墓に入れずに別に小さなお墓をつくるんですよ。そのお墓をつくる準備をしに二人で行ったんですよ。前宮城（メーミヤギ）の宮城親哲（昭和三年生。奈津の夫）と二人。そしたら、どこからか「うーん、うーん」という声が聞こえてきたんですよ。「おかしいなどこからだろう」と思って探して川の中を見ると、兵隊が頭だけだしてうなっているんですね。「これはたいへんだ」ということで日本の兵隊の所へ連絡して兵隊を連れてきました。持ち上げたら、もう周りは血の海ですよ。

その後死んだのか分からないけど。その後、奥の人たちが死んだ人を一ヶ所に集めて葬ったんですよ。

学校のところで殺されたのは、そこは草が生えていますからなかなか分からないのですよ。三日くらいしたら(死体が)膨れてから草の中から出てくるんですよね。三名くらい。それも一緒に葬ったんですがね。たいへんだったですよ。だから、これから考えたら、戦(いくさ)というものはね、話もしたくないと思うんですよ。戦はやるもんじゃないですよ、本当に。

あの頃はわたしら一七～一九歳くらいですからね、兵隊に行かなければ何か弱体みたいな感じで、志願してでも行きたかったですよ。私はルイレキ(瘰癧)(※頸部《けいぶ》リンパ節結核の古称。少・青年に多い疾患であったが、最近ではまれ。結核菌が顎下部・側頸部・鎖骨上窩などのリンパ節に侵入し結節を形成。次第に乾酪化、化膿して瘻孔《ろうこう》を作る。[大辞林])を罹って長いこと煩っていたものですから、(徴兵)検査の時に、「あんたは後回しだ」ということで帰されて、それで命拾いしたんですよね。

(山から)降りるときは命拾いだなあと思ったですよ。降りてきたらアメリカーは優しくてね。もう、おとなしくて優しくて。降りる前にチラシなどは見たんですが、本当はどうされるかわからんと思っていたのですよ。また、アメリカーは夜は目が見えないと思っていましたしね。
それから、難破船の食料で避難民もみんな助かっているんですよ。乾燥ジャガイモで。兵隊はあんなの食べていないですよ、あんなのは。すぐ側にアメリカが駐屯しているんですよ。シルカニジを突っ切って行くときに、ガラガラと音を立てても、アメリカーは何もしなかったですよ。民間人だということを分かっているから、見ないふりして。だから避難民もみんな助かっているんですよ。あんな大きな船にいっぱい食料があったから何度も取りに行ったけど。

――やんばるに避難した中南部の人たちは食料がなくて困ってたとよく聞きますが。

（安輝）奥はタドーシイム（田どうし芋）というのが残っていたし、ビーナ（自生する食用の野草）という葉っぱもいっぱいありましたからね。こんなので助かっているんですよ。

――奥に避難した人たちは食料には困らなかったのですか？

（安輝）困ってないと思いますよ。芋もあるし。だから、兵隊が入って来てからですよ。芋も取られた。だから日本の兵隊も悪いなあと思ったですね。

――兵隊が来てから根こそぎ取っていったということですか？

（安輝）はい。
これは戦前、伊江島に徴用された頃の話です。崖の下の海に湧き水があり、そこへ桶を二人で担いで水くみに行くのですが、日本の兵隊が入ってきてわざと洗濯して泡をはかせて、洗濯場にしているんですよ。潮が引いたときにだけ水が汲めるんですが、ほんとうに日本の兵隊は悪魔だなあと思いました。今でも懐かしいですよ。伊江島に行くときは。

――伊江島にはどれくらいいたのですか？

（安輝）伊江島には、青年の頃に二回行って、それから徴用で二回行って、だから四～五回くらい行ったんじゃないかな、伊江島には。

奥の区長の上原直帯さんと宮城親栄（明治三二年生・屋号：六ヌ又仲《ムッヌナカ》）という部落の大先輩が、豚をつぶして味噌炊きして味つけたワーアンダンミス（豚油味噌）を醤油樽の二つに詰めて、伊江島の現場まで慰問に来ていたんですよ。ほんとうに奥はありがたいなあと思いました。現場で休憩して食べたんだが、余ったのは持ち帰って。ほんとうにありがたいなあと思って。別の国頭の人からは羨ましかったんじゃないかなと思うんですよ。

聞き手：島田隆久　宮城能彦。二〇一〇年六月一九日14：55～17：32　奥民具資料館にて

註

⑵ウエーデー　奥むら全戸で行う共同奉仕作業

(6) 避難小屋での母親の出産とハブ咬傷

翁長林広（昭和一一年一一月一二日生）
屋号：翁長（ウナガ）

（林広）小さいときの話なのであまり詳しくはないのですが。一〇・一〇空襲があったのは二年生の時です。その後一〇月の下旬から山に入りました。一〇・一〇空襲の時は、日本軍の演習だと思って手を振ったらパラパラっとやられて、それから怖がってみんな山にあがったのです。

――家族で山に行ったのですか？家族は何人ですか？

（林広）家族で山に行きました。家族は、おやじは兵隊に行って、死んだのを知ったのは後ですが、母ナベ（大正四年生）と僕、妹のハル子（昭和一三年生）、弟の林純（昭和一八年生）、山にあがる当時は四名です。山の中で妹（ヨシ江）が生まれたんですよ。昭和二〇年の一月頃。

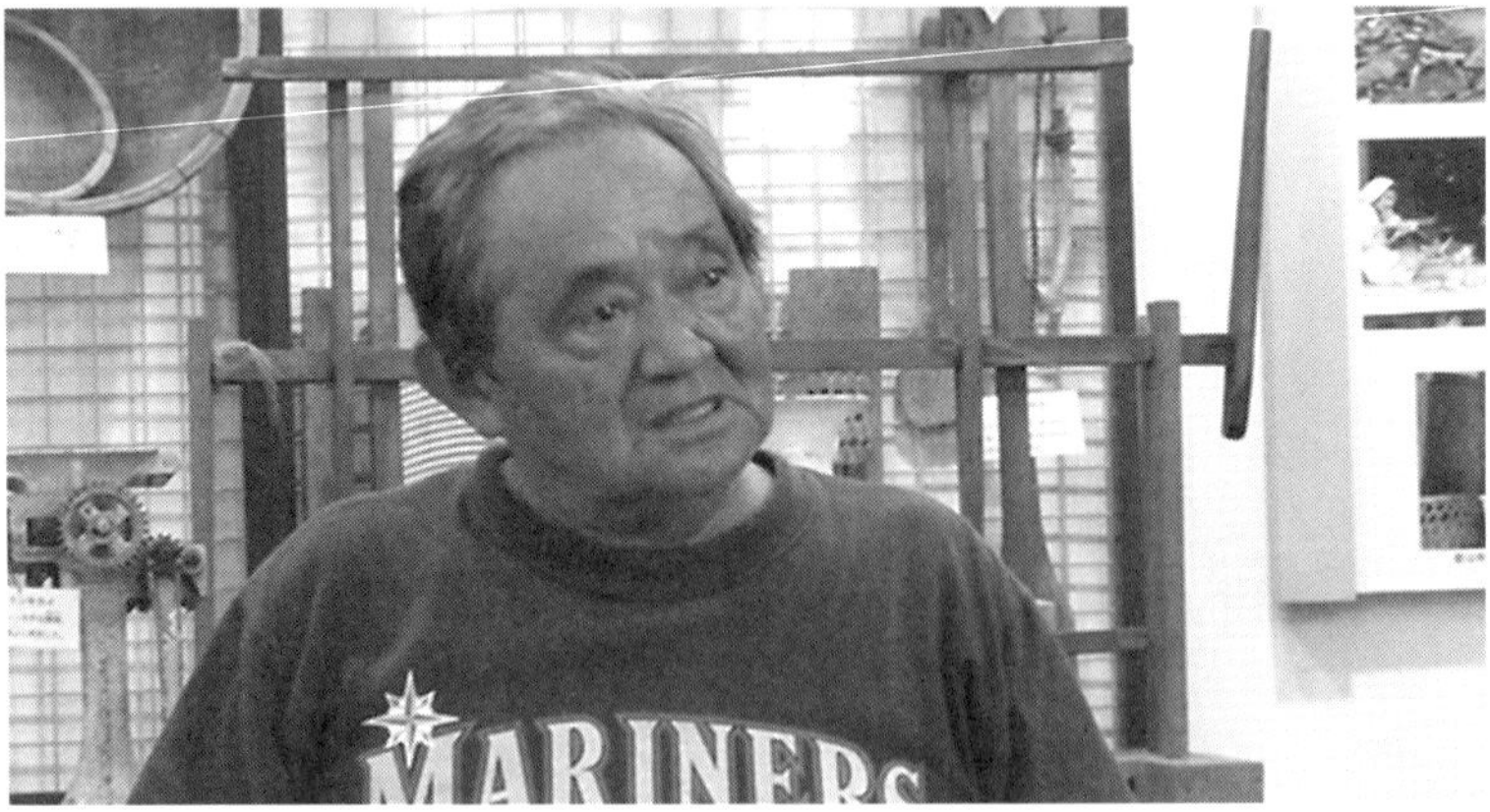

その上に一八年生まれの男の子（弟の林純・当時二歳）がいたけど、その子があまり泣くものだから、みんなの所で生活できない。鳴き声を聞いて敵の飛行機がやってくると言われて、翁長家一軒だけ離れて避難していたんです。

（島田）　翁長さん、糸満小（イトマングヮー）の盛守（明治一〇年生・林広さんの母方の祖父）が親族みんなを守るために、「ナベ（翁長さんのお母さん）よ、この子どもはあまり泣くから殺そうじゃないか」と言ったという話は本当ですか？

（林広）　はい。本当です。

一月頃妹が生まれたんですがね、山の中で。私の母方のお祖母さん（ゴゼイ・明治一一年七月二日生）も私たちの家族と一緒に住んでいました。みんなとは離れて。

妹が生まれてまだ何ヶ月もならないのに、ハブに咬まれたんですよ、母親が。僕はどうしていいのかわからなかった。赤ちゃんも見ないといけないし、弟の面倒もみないといけなし、弟はまだ歩けなかったんですよ、二歳になるけど。辺土名で捕虜になって後からは歩いたんだけどその子は。

ハブに咬まれたらどうすればよいのかと思っていたら、母が、（咬まれたところを）「切ってくれ」と言うんですね。腫れていたんですよ。そこを切らないと死ぬというものだから、包丁を研いで切ろうとしたけど切れないんです、堅くて、パンパンに腫れていて。どうしたかと言えば、以前に、座礁した船からカンメンポウを持っ来て、その缶詰を開けようとして手を切って血が出たことを思い出したんです。同じように、ブリキの缶詰の缶の蓋で母親の腫れた傷口を刺したら血が出たんです。自分で考えてやりました。

それは、四月頃だったと思います。長雨だったのでユダヤームシ（ナメクジ）がたくさんいました。それをバケツ一杯持ってきて、お母さんの傷口に一〇匹くらい這わせて、血を吸わせました。一〇分くらいすると、血を吸ったナメクジが黒くなって落ちるんですね。そしたらまた山からナメクジを捕ってきて、二〜三日それを続けました。そうしているうちに腫れもひいてきて、もう大丈夫かなあと思ったのです。自分の考えですけど。

その時は、うちの母の母親も別のところに避難していたのですが、そのおばあさんの所に行って「お母さんがハブに咬まれたけど、どうしたらいいか」と相談したら、うちらの所にやって来て、「みんなに連絡しなさい」といいました。ウニシメーの裏側のナナチグスという所に奥の人みんなが避難していたんですが、そこに行きました。小さな子があんな険しい山をよくも探して行けたなあと今考えると不思議です。

そこには、上原直八（明治二四年九月一六日生）という、医者みたいな人がいたんです。その人に事情を話したら、来てくれました。血清は持っていたのだけれど、一週間も経っていたら効かないと言われ、塗り薬だけを塗ってもらいました。「腫れがひいているから大丈夫だから」と言われました。

あんな山から山へ小さい子が行けたのは本当に不思議です。今行けと言われてもできない。そういう状況で、母親も六月頃には、どうにか歩けるようになりました。

それで、みんなの所に行ったのですが、結局、小さい子が泣くと飛行機がやってくるからと言われ、また、みんなから離れて避難していました。

そうしているうちに、アメリカ兵が川にやってくるようになりました。ある時、一本松の上からアメリカ兵が川にやってくるのを見ていたのですが、別のアメリカ兵が上の方からやって来て見つかりました。ぼくがしゃべらなかったら見つからなかったかもしれませんが、見つかって、鉄砲を向けられて、降りろと言われて、「二人か?」などと言っているようでした。

それから、家族のいるところに案内させられました。そしたら、いいアメリカさんだったんですね。大雨だったんですが、二人の子どもをおんぶして、今の駐在所の所まで連れてこられました。そこには一番組の風呂場がありましたが、そこにはアメリカーの缶詰がどっさりあるんですね。それをあげようとするんだけど、恐くて食べなかったら、アメリカーは自分で開けて食べて見せて、「大丈夫だよ」という感じで。それで、美味しくてたくさん食べたんです。

うちの母の傷口を見て、衛生兵を連れてきて、白いメリケン粉を練ったような薬を塗ってくれました。そうしたら二・三日の内にその傷もみんな治ってしまいました。「いい時に捕まったなあ」と喜んでいたんです。一番最初に捕まったのが内の家族です、今のお宮の向こうの空き家に避難して、炊事場に畳を持ってきてそこに寝ろと言われました。一週間くらいだったかなあ、翁長家だけだったのは。

その後、東溝畑《アガリミゾバタ》の秀康さんたちが二回目に捕まっているわけ。それまで一週間はアメリカーに番(見張り)されて、水も井戸から飲むなと言われて水缶ふたつくらい置いていって、これから飲むんだよといって。食べ物も缶詰をアメリカさんが持ってきたので、その時は食べ物には不自由しなかった。

二回目の捕虜が来たから、ジープ(ダージ)に乗せられて大宜味村の饒波の公民館に入れられました。あっちで、六軒か七軒一緒にしばらく生活しました。その後、アメリカーが田んぼの中に小屋を造って、そこに移りました。そこでは、田んぼにはフーチバーがあるし、塩は海の水をアメリカーのチェックを受けて汲んで来ました。いちいち厳しくチェックされました。そうやってどうにかやっていました。

辺土名におじいさんがいたんですが、そのおじいさんが八月頃、夜中の一二時過ぎに憲兵がいなくなった時にやって来て、「こんなところで生活できない」と言って、荷物も子どももみんな背負って、辺土名まで逃げました。辺土名には奥の人たちみんながいるので、ようやく一緒に暮らすことができて気持ちがよかったです。一軒だけでは不安でしたから。

信夫さんのおやじさんの直帯さんが区長で、色々お世話になりました。

（島田）翁長さんが山道を一人であるいたでしょう。それを記録に残しましょう。とっても貴重な話ですよ。翁長さんの話は。小学校二年生ですよ。牛の話もしてもらえますか？

（林広）牛の話は恐いですよ（笑）。

おやじが戦争に行ったので僕が牛の世話をしていたんです。牛に乗って川の所に草を食べに連れていったりして、大事に育てていました。奥でも立派で大きくて優秀な牛だったんです。上之大屋《ウンプラ》の親睦おじい（明治二三年八月二四日生）が「あんたの牛は村に持って行っても優秀だから大事に育てなさい」と言ってました。戦争中も山に避難していた時も、山から草を刈っ

て毎日草と水をやるために家に帰ってました。

ある日、いつものように草を水をやりに来たら、日本の兵隊が五名くらい来て、家の庭で牛を殺してるんです。それで僕が怒って泣いて兵隊にかかっていったら、兵隊が包丁を振りかざして「殺すぞ」と言ったんです。牛だけは大事に育てていたのに。僕は殺されたくないので泣きながら帰りました。そんなこともありました。

アメリカさんより日本の兵隊の方が恐かったですね。今いろいろと新聞にも書かれているけど。

——これはいつ頃の話ですか。アメリカーが辺土に来る前ですか。来てから？

（林広）アメリカが来ている時です。五時になったら帰って行ったから。水陸両用戦車で来て夕方に帰って行ったから、その後牛に草と水をやりにきたんです。それなのに、日本兵に牛を殺されて、私も「殺す」と言われて泣いて山に帰って、たいへんだったですよ。

——牛を飼っていたのは翁長さんのところだけですか？

（島田）いや、ほかにも飼っていましたが、自分で殺したり兵隊に殺されたりという例がほかにもあります。

（林広）山の中で妹が生まれた時はトイレの中に落ちていました。その時頭を打って病気になって、一〇歳の時に病気がひどくなって亡くなりました。おばあがトイレの中から上げて洗って。名前はヨシ江でした。
もう一人の妹ははること言って、三年生の時に破傷風で亡くなりました。熱がでてから一日で亡くなって。翁長林純(昭和一八年生)の下。

(島田) よく泣いたというのは林純?

(林広) よく泣くのは、くにー(仲間国友)と、林純と、せいけん(糸満盛健)(ともに昭和一八年生)。

(島田) あの頃は、米軍の飛行機には聴診器が付いていて、泣いたら飛行機が来ると思われていた。この三人は殺される候補者だったわけだ(笑)。
翁長さんのは本当に貴重な話ですよ。ほんとうにありがとうございました。

聞き手:島田隆久　宮城能彦。二〇一〇年六月一九日14:55~17:32　奥民具資料館にて

(7) 長崎海軍大村航空隊飛行機工場

崎原栄昌（大正一四年一一月一日生）
屋号：栄口（イーグチ）

（栄昌） 高等二年を卒業した一五歳からそれから一七歳まで、奥で土木作業の仕事をして家族の生活の糧にしていました。しばらくして軍に徴用されて昭和一七年の八月二七日に長崎の大村に行きました。沖縄、宮崎、熊本の方がいますが、ほとんど沖縄の方です。

そこで、三ヶ月の訓練、軍隊で教練をしてからそれから、工場でハンマーの打ち方を一ヶ月、ヤスリの使い方を一ヶ月、それからササキといって飛行機の部品の重なるところのすり合わせの訓練、そしていよいよ各工場の部品の修理工場で各班に配置されました。

それからしばらくして昭和一八年の八月から三ヶ月名古屋の方に出張したこともあります。約三年。昭和

一九年の八月に満二ヶ年になりました。

それから、また大村工場に一〇月の二〇日に帰りました。少し休みをもらって二三日に工場に出勤したら、これがもう大変だったんですよ、大空襲。B29が七〇機と言われてます。五百キロ爆弾落とされて工場は全滅。六万か七万の工員さんがいました。飛行機部と発動部、そして総務部、私たちは発動部でした。

五百キロ爆弾を雨のように落とされてほんとうに大変でした。挺身隊の女性も、希望して稼ぎに来ている婦人もいました。何千坪という会社の敷地は、地震のように揺れて、男性も女性もみんな伏せていたのですが、命を失った人もたくさんいます。私たちも凌いで凌いでなんとか生きましたが、コンクリートで作られた防空壕の人も壁が落ちて埋められて亡くなった人もいます。空襲が解除になった後、亡くなった人が一ヶ所に集められていました。

その後、もう工場では仕事ができないということで、諫早の公園に焼けた工場から持ってきた破けたトタンを持ってきてそれで仕事をせよと言われたのですが、できるわけないです。機械もないし、部品も、ハンドルもないし。

私たちはその後鹿屋航空隊に行き、そこで会社に通いました。そこには私たちの隊長だった豊田豊隊長が工場長になっていました。それに先生がたくさんいらっしゃたのでとても心強かったです。とても可愛がってもらい、自分の兄さんのように慕いました。

宮崎の青年と仲がよかったので、二人で下宿を借りて一緒に生活しようということになり、あちこち探しました。当時私は二〇歳でした。

ある家にお願いに言ったら、「工員さんちょっと待っていてくださいね」とその家の奥さんに言われ、旦那さんの食事でも作っているんだろうと思って待っていました。当時は食堂に行って食べるものはなく、桜島に行って名物のミカンを買ったら、その皮まで食べていた頃です。なのに、その奥さんは「はいどうぞ」と言って、お膳に二人分の食事を持ってきてくれたのです。今でもその恩は忘れません。鹿児島の芋ご飯でしたが、とっても美味しかったです。食べ終わった後に、奥さんは、「二人を下宿させてあげたいのだけれど、この家は駅長の家でたくさんのお客さんが見えるので下宿はできないのです。ほかの家を探してくださいね」と言うのです。食料や物がない頃に、芋ご飯をくださった、その奥さんの親切は今でも絶対に忘れないです。ほんとうに嬉しかった。

芋ご飯というのは、ご飯に芋を混ぜたものですが、とっても美味しかったです。腹一杯食べて「ごちそうさまあ」と言いました。そのことは決して忘れないです。

それから、お父さんやお母さんの顔が見たくなって豊田隊長に願い出たら、「よし、頑張ってきなさい」と行って一週間の旅行証明をもらいました。

ところが、船に乗るとすぐに、鹿児島湾の中なのに、「情報がない」「情報が悪い」「情報次第」ということで一週間が経ってしまいました。ようやく一二月の七日に一二隻の船団でいよいよ沖縄へ出発しました。弾薬とか食料とかを積んでいる船団でした。七日に鹿児島を出て一週間で那覇港に着きました。たいしん丸という六〇〇から七〇〇トンの船でした。紡績から帰る女性たちも一緒でした。

大島の人と一緒に中に入った時に大きな爆音が聞こえて、船がやられたと思って船底の方からたくさんの人が上がってきました。そしたら船長さんが降りてきて、「今の爆音は、敵の潜水艦に発見されないように友軍が爆発させた爆雷というものです。安全ですから、静かにしてください」と説明しました。その後、何もなく那覇港に着きました。

那覇港に着いたら、桟橋はみんな焼けていて、黒砂糖や色んな物が溶けてアスファルトのようになっていたんです。沖縄の一〇・一〇空襲については、私は名古屋の航空会社の工場で残業している時に、夜中の食事時間に臨時ニュースが入ってきて、「沖縄は一〇月一〇日の空襲で三日間にわたって燃え続けました」ということでした。びっくりして、沖縄は全部やられたのだと思っていました。

実際に沖縄に来てみると、那覇の街は焼け、桟橋も倉庫も焼かれて何もない。びっくりしました。船から下りて少し歩いていたら、男の人に「どこから来たの？」って聞かれたので、「長崎から鹿児島に行ってそこから六〇〇～七〇〇トンのたいしん丸という船で来ました」と答えたら、「たいしん丸は、かりゆし船だから良かったねえ」と言われました。お父さんお母さんに会って、一週間から一〇日後に那覇港に来たら、もう船がないんですね。一緒に来た貨物船は敵の飛行機に全部やられてしまって。那覇の港の船も沖の船も。

翁長という奥の親戚のおじさんが那覇にいて、そこに泊めてもらっていたのですが、そこに荷物を預けて、とりあえずお父さんお母さんに会ってこようと思ったら、その時また空襲がありました。午後の三時四時頃です。その時は庭の掃除をしていたのですが、おじさんに、「私のお母さんを山原に連れていきなさい。車はないから歩いていきなさい。」と言われ、そのとおりに、空襲がおさまった頃に一緒に歩いていきました。冬なので夕方出発した七時頃には暗闇です。三合のお米だけを持って二人で生きました。

恩納村の多幸山に着いた頃は朝の五時。家の明かりが見えたので行ってみると、二・三歳くらいの子どもとお母さんがいました。「三合のお米を炊きたいので台所を貸してください」というと貸してくれました。その家のお父さんは防衛隊に行っているということでした。

ご飯が炊けるまで、とても疲れていたので、ぐうぐう寝てました。おにぎりにして食べて、残りは宿を借りたお礼に差し上げました。

朝の六時に出発して名護に着いたのは九時半から一〇時頃でした。そこから、奥にいる兵隊や民間に食料を届ける車があったので、それに乗せてもらい奥まで来ました。

私は一週間だけの旅行許可だけで来ているので、船が無いとはいえ帰らないと軍法会議にかけられるのではないかとずっとヒヤヒヤしていました。なので、改めて入隊しようと思い、那覇に着いたばかりのころに軍司令部を探しに行きました。軍司令部は第二高等女学校のところにありました。そこに行くために壺屋の芋畑、あの頃はあの辺りは畑でしたから、その辺りで軍司令部を探していると、奥の上之大屋小(カミウンプラグヮー)敏ねえさん(大正一〇年生)に会いました。「軍司令部なら芋畑の向こう、姫百合通りのところにあるよ」と教えてもらい、軍司令部にいきました。

そこで「私は長崎の飛行機工場から来たのですが、沖縄に来て船もなく内地に帰れない状態なので、ぜひ沖縄で入隊させてください」とお願いしたのですが、「帰れ！お前は入隊できない。帰れ！」と言われました。

一度は帰りましたが、自分の友達もその弟たちもみんな軍隊に行っているのに自分だけ行かないわけにはと思って、もう一度入隊をお願いしに行ったのですが、「お前はまた来たのか。だめだお前は入隊できない」とまた帰されました。私は結局三回お願いしに行きました。でも「また来たのか、帰りなさい」とものすごく大きな声で怒鳴られました。これでは殴られて殺されてしまうと思い、殺されるくらいならと諦めて帰りました。それで私は(後から思えば)運良く兵隊にも行かずに生き延びられたのです。

私の入隊予定場所は、愛媛県の航空隊だったんですよ。しかもその入隊予定日が昭和二〇年の八月一五日。そう、終戦記念日の一二時集合だったんですよ。内地で入隊するよりは沖縄でと思って三回もお願いしにいったけど帰されたので、これではいかんと思って、私は奥に帰ってから警防団に入隊しました。そこで頑張って先輩達にも可愛がられました。お前は内地にも行っていたから上等だと言われて。みんな兵隊に行っていたので私が青年のなかでは一番先輩になっていました。

いろんなことがありました。ある軍曹が遺骨を抱いて奥の警防団に来ていました。重機関銃をもっていました。その人は船舶で南方に行く途中に空襲で船がやられて、部下の朝鮮人兵士が亡くなったので、その遺骨を葬ってほしいということでした。それで、鍬できちんと地ならしして遺骨を埋葬しました。

軍曹さんはどこかで見たことがあるような人だったので、「辺土名の宇根旅館に泊っていませんでしたか？声でわかります。」と聞いたら、「よくわかったな」とほめられました。敵と戦うために我々は重機関銃を担いで来たというので、適切だと思われる場所に案内したのですが、「そこでは駄目だ。川の向こうがいい」と行って降りていった時に石部隊と合流しました。そういうこともありました。

本部《もとぶ》の宇戸部隊の敗残兵がやってきたことがありました。その兵隊達がウスミチ浜のアダンの陰で休んでいた時です。偵察機がブンブンブンとやってきて、見張り役の初年兵は上空だけを見ていたので、海からアメリカの水陸両用戦車がやって来るのに気が付きませんでした。日本兵はまさか海から戦車がやって来るとは思わなかったんでしょうね。アメリカに見つかって、爆弾を打たれて、みんな逃げたのですが、一人だけやられました。戦死した兵隊はそのまま浜にほったらかしにされていました。後で行ったら、死体は流されていました。

これは、娘にもやったことがない話です。午後の四時半か五時頃にはアメリカ兵は必ず辺戸の部隊に帰りました。私たちはアメリカさんが来るのも帰るのもいつも監視していました。その日、私は畑の監視に行ったら本部から来た敗残兵が芋掘りをしていました。敗残兵が芋をとるのはいいのですが、いつも畑を荒らして困ってました。

突然、私の隣家のおばあさんが、「兄さん、兄さん、にいさん、助けて」と叫ぶのです。おばあさんは敗残兵に、のど元に短剣を突きつけられていました。

「兵隊さん、ちょっと待って、待って」と私は大声でさけびました。「ちょっと待ってください、おばあさんが何か言ったんですか?」と聞くと、「芋をとるな」と言われたというのです。おばあさんにも聞いてみると、「私は、芋をとるのはいいけど、カズラの根っこはちゃんと土に埋めてもどしてくださいと言ったっただけ」というのです。兵隊はうちなーぐち（沖縄口）、しかも奥ムニィ（奥方言）がわかるはずがないから通じなかったんですね。標準語はわからないから沖縄の人。

「兵隊さん、芋を取ったらカズラの根っこはちゃんと埋めてください。戦争はいつまで続くのかわからないから、新しく芋ができるようにしないと、ということですよ。」と説明したら「わかった。青年」と言って、首に突きつけていた短刀を離しました。この話は、今初めてします。その後、「あんたがいなかったら私死んでいたね」とおばあさんに言われました。兵隊は一等兵だったと思いますが、「わかった。わかった」と言いながら去っていきました。この辺りでは、あっちで三人、こっちで五人、一〇何名も日本の兵隊がやられていますから。

そのことを思うと、戦争は絶対してはいけないと思いますね。今、基地反対といっている人たちも同じ思いなのでしょうね。私は兵隊にも行かなかったけど、私と同年は沖縄戦で一人も生き残っていないんです。みんな亡くなっています。今同年生が三人いますが、内地に行っていたり、台湾に行っていたりで、沖縄戦に参加した人は絶対に生きていないです。

長崎の工場で撮ったこの写真に写っている沖縄の人たちは、みんな小禄航空部隊、そこは長崎大村の海軍航空隊の零戦工場の配下にありましたから、そこに行って、みんな死んでいるんです。私が名古屋に行っている時に。もし私が名古屋に配置されていなければ私も死んでいたんです。三百何十名の人が九州の宮崎や熊本などから沖縄に来ていたのですが、わずかに二名だけが生き残りました。熊本の方、その方は戦後何度か沖縄に来て会っています。もう一人は石川の人、その二人だけです。

六月一三日は、小禄の海軍が玉砕した日です。小禄の海軍壕に参拝します。お知らせが今でも来ます。もう年を取ってなかなか行けないのですが。もし名古屋に行かなければ私も小禄で死んでいました。みんなで仲良く暮らしていたのに。私と（写真を指さして）この人とだけが生き残りました。その人ももう病気で亡

長崎海軍大村航空隊飛行機工場にて（昭和 17 年）

くなっていますが。

こんなこともありました。フパダチ近くのウスミチ海岸でアメリカさんがパンツだけで平たい石の上で寝転んでいたことがあります。船でやられてから泳いで来たんでしょうね。真夏だから安心して寝ていたんでしょう。その時はまだ戦争中ですから、助けようという発想はなかったです。そのまま死んで遺体は台風で流されていました。もし日本人だったら葬ったんでしょうが。

二月頃でしたかね。あるお母さんが、「兵隊さんが海岸に上がっているよー」とザルもほったらかして警防団に駆け込んできました。みると、兵隊さんの首がなかったです。死ぬと最初に首が落ちるそうです。ゲートルもズボンもそのままでしたから、石部隊の兵隊さんが何か身元がわかるものないかとポケットを探したら、その人は宮崎の出身で、お母さんか奥さんの写真、たぶんお母さんだと思うのですが、その写真だけがありました。その写真は石部隊の兵隊さんが持って行きましたが、その時、私が持っておけば、後で遺骨を遺族に返すこともできたのではないかと、とても残念です。石部隊の兵隊からその人の家族に写真が届いたのかわかりません。

戦争の最初の頃は石部隊が無線機を持っていたので、四月頃には読谷にアメリカ軍が上陸したことなどの連絡を受けていました。辺士名までアメリカさんが戦車でやってきているので、あと何日かでここまでやってくるという情報が入ったので、石部隊の兵隊さん達は移動していきました。だから、最初の頃は無線で情報が入っていたんです。

聞き手：島田隆久　宮城能彦二〇一〇年六月二〇日10：06～11：40　奥民具資料館にて

(8) 護郷隊で恩納岳へ

宮城長栄（昭和三年八月二〇日生）
屋号：栄屋小（イーヤーグヮー）

（長栄）奥で学校を卒業して昭和一八年の三月の二〇日か二三日に伊江島に一ヶ月の奉仕作業に行きました。その後すぐ赤紙を渡されて、護郷隊に二次招集で入隊したのです。護郷隊の一次招集は信夫さんたち。自分たちは一期遅れて、名護岳で二次招集でした。日にちは覚えてないですが、朝五時頃起きて、親も誰もいなくて、区長さんだけの見送りでした。乗り物もないし、歩いて安冨祖の小学校に行ったらすぐに教育訓練でした。

その後、恩納岳に全部集められました。そのうち艦砲射撃や機関銃が激しくなり、金武方面には戦車砲とか武器が設置されていて恩納岳にバンナイ打ち込んでいるのが見えました。それで戦死者も多くでていまし

た。そんな中をなんとか生き延びていました。

何ヶ月くらい軍隊生活が続いたかわかりません。戦争に負けて部隊は解散したのですが、その前にあちらこちらに移動した部隊が恩納岳に集まった感じでした。我々護郷隊はいろんな作戦をやったがどうにもならんから、参謀達も解散しようと思ったんでしょうな。名嘉眞岳、久志岳を目標にして、やっと山の穴に着いてそこで解散しました。持っている武器を一ヶ所に集めて、隊長命令で、「一応解散するものの、いつかまた命令するから帰って来なさい」ということでした。

熱田の山の中で解散したのでシマに帰ろうと思いました。大湿帯を通って白浜から排水溝をくぐって塩屋湾に入り、泳いで塩屋湾を渡ろうとしたら、もう照明弾がバンナイ、たくさん上がって我々を狙っているんです。泳いだり、途中息が続く限り潜ったり、それを繰り返して、なんとか塩屋湾を渡って山の中に入りました。

そこから国頭に向かってる途中、山に避難している人たちの山小屋を訪ねました。そこで、奥の人たちはみんな辺土名や大宜味方面に収容されていることを教えてもらって、辺土名まで送ってもらい、自分の家族に会うことができたんですよ。

恩納岳から東の山の中の解散場所まで何日かかったか覚えていないです。上原信夫さんも一緒でしたが信夫さんは一次招集でしたから先に帰っているのです。四日くらいかかったかもしれません。食料もなくて、昼は砲撃だし、夜の移動で何百名という部隊がよくもみんな移動できたか不思議です。

――何を食べたか覚えていますか？

（長栄）みかんの缶詰は覚えています。

――辺土名についたのは何月か覚えていますか？

（長栄）九月だったかな？

――戦争が終わっていることは知りませんでしたか？

（長栄）いや、わからなかった。手の打ちようがなかった。そうとうな戦死者もでていました。死傷者は四、五名で担がれて来ていました。空襲はなかったです。迫撃砲とか戦車砲とかは思いっきり撃たれましたが。帰って来たら家族はみんな無事でした。

伊江島は、最初は辛くはなかったですよ。最初に行ったときは芋が籠にいっぱいあって食べました。でも二回目の時は食料が不足してたいへんでした。

伊江島では飛行場作りでした。嘉手納や読谷の徴用はみんな飛行場作りでした。三つ叉と鍬とツルハシはあったけどスコップはあったかな。モッコに入れて二人で担いでいました。機械があったのはトロッコ。あれで運搬しました。

寝るところはちゃんとありました。人家で寝ていました。

（島田）伊江島には二回行ったのですね。

（長栄）はい。三回だったかね。当時は宮城忠雄（東宮里・大正九年生）と私と、宮城長栄、神里勇（神里小・昭和三年生）です。

聞き手：島田隆久　宮城能彦二〇一〇年六月二〇日10：06～11：40　奥民具資料館にて

(9) 伊丹防空特殊航空会社で旋盤工

崎原キヌ[3]（大正一五年七月一四日）

屋号：栄口（イーグチ）

大正一五年生まれなので、小学校の同級生に大正生まれと昭和生まれがいました（笑）。

――今の大学生と同じですね。今は昭和生まれと平成生まれがいます（笑）。

（キヌ）同じですね。奥の小学校高等科を卒業後約一年奥にいました。その後、私たちが連れて行かれた時は、戦争が激しくなる頃でした。私たちの次の船はやられました。奥から宜名真まで歩いて行って、そこから辺土名まで馬車で、辺土名から名護まではトラックだったんじゃないかね。名護だったか恩納だったか、そこから那覇まではバスだったかね。那覇に二〜三日泊まって、それから、「海洋丸」だったかね、名前ははっき

り覚えていないけど。

半年くらい、いや四ヶ月だけは姫路の姫路紡績でした。私たちは紡績といって連れて行かれたんだけど、その後飾磨(4)の軍需工場にしばらくいました。その後、伊丹の防空特殊航空会社というところに行きました。そこで、飛行機とか軍艦の消火器を作りました。旋盤を使って。若い男は兵隊に行っていないので、年寄りとか戦争に行っていない人しか残ってないので、私らが若いからか知らないけど、名護の人と二人一組で六尺大旋盤を使いました。こんなに大きな鉄筋を切る機械です。大きな鉄筋を何センチ何センチと切って。たまには小さなバイトで、真ちゅうのねじ切りをやりました。

行ったばかりの頃は寒くもあり辛かったけど、軍のためという気持ちもいっぱいありましたから、夜勤の時などは居眠りしながらも頑張りました。居眠りしている間にハンドルの操作を誤ってよくバイトを折ったんです。

このバイトを磨くのがあまり上手ではなくて自分が作るのは切れ味が悪かったんです。それでよく班長に怒られました。自分たちはその時はまだ常識もわからず言葉も荒いから、班長のことを「おじい」と呼んでいました。「おじい、一生懸命やっているつもりなんですけどできないんです」とたまには口答えしました。バイトを折ったせいで切れが悪くて、ねじ切りもうまくいかない時もあるし、検査でやり直しさせられて、これが一番辛くて、泣くこともありました(笑)。

班長さんは四国の方でした。「おじい、おじい」と呼んでいました(笑)。沖縄の人や新潟、秋田の人など、自分たちと同じく卒業してすぐに連れてこられた人がいっぱいいました。

今考えたらおかしいいんだけど、あの時は当たり前としか思わなかったのは、いくさの最中だというのに、毎日朝礼で、若い人もみんな一時間竹槍とバケツリレー、消火リレーの訓練があったことです。今考えたらおかしいです。

伊丹では青年学校に通っていました。月曜と水曜と金曜は高等科を卒業した人のための「本科」、火、木、土は普通科でした。いくさの最中なのによくそういうことができたなと思います。私たちはそこで読み方、算数、修身、地理歴史を勉強しました。作法もありました。その日は仕事を終えた後、午後二時から四時まで。私たちは本科生だから月・水・金。作法、針、お花も。夜は講堂で、今で言うレクリエーションでしょうね。戦時中だというのに。

――青年学校はその頃はもう義務化されていますからね。青年学校は楽しかったですか?

(キヌ) 楽しかったですよ。月・水・金は仕事も行かないでいいし。みんな集まっておしゃべりもできるしね。趣味のある人たちはそれを伸ばすけど、自分たちはおしゃべりばかりしてました(笑)。あまり学問はしなかったけど、働くばかりで。

私たちは六尺大盤使いましたからね。男がいないから。最初はいたけど半年もしたら男という男は誰もいなくなった。ベルトがはずれたら自分でベルトに上っていってハメたり。竿がベルトに巻き付いてしまい、工場全体を停電させてしまったこともあります。恐くて力が入らないからね。でも二回目からは要領がわかって失敗しませんでした。私はウーマクーだったんだはず。最初から二人でしか持てない大きな鉄筋を切る六尺大旋盤でしたから。ヤマトのお父さんたちは小さな盤だったのに、沖縄から来た女は皆大旋盤工でした。名護の人とコンパ、組して六尺大旋盤工やりました。

ニーブイ、居眠りして、よくパイプを折りました。それを作るのがまた大変だった。

――伊丹の特殊航空会社というのは奈津（キヌの妹）さんと同じ所ですか？

（キヌ）いや、うちらは伊丹駅、鴻池のすぐそばだった。奈津にはよく会いに行きました。体が弱くて加古川で一年間入院していたので、日曜日に面会に行ってました。その後妹と一緒に働きましたが、あれなんかは新伊丹、うちらは普通の伊丹。

――伊丹では空襲はなかったんですか？

（キヌ）ありましたよ。白浜という所に水上飛行機の練習場があったんですよ。そこが上等だということで何もわからず最初そこに避難しました。「あそこは危ない」と言われて岸和田方面の浜に行きました。水の中でも燃える爆弾があるとは知らずに海に逃げて、油が流れてきて火傷した人もたくさんいました。

夜中に弾に当たって死んだ人を踏んづけるように逃げました。翌日帰る時に死体が踏んづけられているのを見て、可哀想だと思いました。ため池に落ちている人もいるし。夜は暗くてわからなかったけど、朝になってそれを見てぞっとしました。

工場は燃えませんでした。弾は中庭とか寮などによく落ちたけど、幸いにも不発弾でした。


――それでは、終戦までずっと同じ所で働いていたのですか？

（キヌ）はい。終戦後の方がよけいにきつかったです。あんなことせんでもいいと思うのですが、出来上がって戦地に送るために箱詰めしているものがあったんですが、それを近くの池に捨てるんです。二晩くらい徹夜でやらされました。敵に見られたら大変だということでしたが、うちらにはよくわからなかった。

作るときは元気よく作ったけど、捨てるときは気が抜けて。

その後は作業もなく、各寮ごとに畑が割り当てられて自給自足で生活していました。その後、何日に引揚げすると言われて、みんな一緒に帰れると思ったらそうではなく、班ごとに割り当てられて、自分たちは最後の方でした。

——沖縄は玉砕したと言われてませんでしたか？

（キヌ）言われてました。沖縄に着くと宜名真までは軍のトラックに乗せてもらって、宜名真から歩いて奥に来ました。途中まで親族が迎えに来ていました。自分たちの親は年取っているから兄が来ていました。そしたら、朝鮮カマスを着けているんです。今でも思い出したら涙がでます。自分たちは敗戦国といってもまだ幸せだった。着物はちゃんと着けていますから。だけど奥の人は着ける着物もなく朝鮮カマス(5)を羽織っている。こちらは戦地だったんだと思い知らされました。

自分たちは配給の乾パンを半分残して持ってきたんですよ。妹、弟たちもいるから。ところが食べ物はこちらの方が贅沢でね。シルカニジに船が座礁したから、そこから食べ物を取ってきているんですね。私が食べずに残して持ってきた乾パンを見たら、みんな笑ってね。自分たちはもっといいもの食べていたんだよと。そいうことだったら、お腹すいたのを我慢せずに食べればよかったと思いました。あとはみんなで大笑いしました。

奥は食物は船が座礁したおかげで贅沢だったみたいです。あんたが帰ってきたお祝いにご馳走作ろうねと言ったけど、たいしたものではないですよ。でもそれを食べようとしても涙がとまらずに食べることはできなかったです。

姉が波之上に迎えに来てくれたことを思い出すと今でも涙がでます。親兄弟がボロキレ着けて、「ああ、こんな生活をしているんだね。敗戦国というのはこんなに惨めなものかと」思いました。ほんとに惨め。今でも夢にでてきますよ。自分たちは上等ではないけどちゃんと着物を着けていたけど、こちらは買うにも買えず、カマスを羽織っている。

――奥に帰ってきたのは何年ですか?

（キヌ）戦後の七月か八月でした。向こうで一年暮らしていましたから昭和二一年。その時は奥まではバスがなかったので、宜名真から歩いて行きました。その時には奥の人はみんな辺土名の捕虜収容所から帰ってきてもう落ち着いていました。衣服は無かったけど食物は自分で作って贅沢に食べていました。みんな生きるために一生懸命作ったんでしょうね。親兄弟と会ったときは言葉が出ずに、みんな抱き合って泣きました。

向こうにいるときは、畑で芋やカボチャをつくって、食べ物にあまり不自由はしませんでした。なぜか会社に「もろみカス」の配給がよくありました。食べきれないので、日曜日に大阪の親戚の家に持って行ったら喜ばれました。味噌汁にしておいしいですよと言われました。

今週は天六の親戚に来週は岡島にというように持って行きました。ビールのもろみだったんでしょうね。日曜日になると外泊証明というのをもらって、土曜日の晩から日曜日に帰ってきました。外泊するのが楽しみでね。戦後親戚に会うのが。自分でつくったカボチャをもろみと一緒に持って行ったらとても喜びました。向こうでは配給がなかったのかね。だから一生懸命に野菜を作りました。

それにしても、よく生き残ったものです。目の前で弾が当たって即死した人もいたのに。そいう人に手を合わせて「ごめんなさい」とお祈りしてました。だから、二度といくさはやってほしくないですね。みんなのために。

——**今日はありがとうございました。**

聞き手：島田隆久　宮城能彦二〇一〇年六月二〇日10：06～11：40　奥民具資料館にて

註

⑶崎原永昌さんの奥さん
⑷現在兵庫県姫路市
⑸敷物の一種。むしろ。

(10) 神戸製鋼と北支二七連隊

崎原栄秀（大正一四年三月一〇日生）
屋号：栄秀屋（エイシュウヤー）

（栄秀）高等二年まで奥にいて、卒業した昭和一四年に軍需工場の神戸製鋼に行きました。奥から那覇まではみんな一緒でしたが神戸製鋼に行ったのは私一人でした。

神戸製鋼の溶解部で鉄板作っていました。二〇〇メートルくらいの工場の中で溶解した鉄を釜にいれて運んで鉄板つくる型に流し込みます。その操作、運転をしていました。

――その操作はかなりむつかしいですか？

（栄秀）電車を運転するくらいの技術ですかね。

その工場には昭和一七年までいて、一八年に奥に帰ってきた時に徴兵されて北支（北部支那）に行きました。鹿児島で一週間ほど訓練をうけてすぐでした。

北支では二七連隊に属してました。北京より北の方。二〇年のお正月は北京でした。

その部隊ではずっとずっと移動でした。

（島田）終戦を迎えたのはどこですか？

（栄秀）終戦は仏印（インドシナ）でした。毎日毎晩行軍でしたから、どこに行ったかよくわからないです。毎日行軍で、歩きながらの兵隊でした。民間の方から敵の兵隊が来ているから来てくれと言われて行く時もありました。一日中橋の下で水に浸かっていたこともあります。僕は衛生兵だったから、やられた兵隊を手当しましたが、僕たちがまだ戦地にいる時に、ケガをした兵隊は先に日本に帰ってました。僕たちも早く死ねば、生きていてこんなに苦労するよりはましだと思っていました。

最初の頃と終戦の時では兵隊は半分もいないいくらいになっていました。

――引揚げは？

（栄秀）馬と一緒に貨物車に乗せられて、馬の便も一緒に上海まで。上海からアメリカのＡＴＣのような大きな船で鹿児島まで行きました。鹿児島では桟橋には着けられなくて、沖の方で二〇日も隔離されてました。

鹿児島には半年くらいいました。中城に上陸して昭和二三年の八月に黒人兵の運転する車で宜名真まで行き、そのあと奥まで着きました。

昭和二〇年に戦争が終わって三年くらい支那に居たんだけど、支那の兵隊に奴隷みたいに使われて、畑とかやりました。飯をちょっとだけもらって。捕虜生活でした。食べるのは、おなかの三分の一くらいしかありませんでした。いつもおなかをすかせていました。

――戦争の時と捕虜の時ではどちらが辛かったですか？

（栄秀）捕虜の時がきつかった。

――支那では沖縄の情報は入りましたか？

（栄秀）鹿児島に来るまで入りませんでした。

（島田）中城から奥まではジープ？

（栄秀）一週間くらい中城にいた後、黒人の運転手がＧＭＣという大きなトラックに僕一人を乗せて宜名真まで送ってくれました。宜名真からは歩いて奥まで。痩せていて坂道を上るのがたいへんでした。

お母さんは生きていましたが、お父さんは戦時中に五五歳で亡くなっていました。

——**戦争の話はあまりやらないですか？**

（栄秀）ビデオがあります。僕らのいた部隊が戦後、戦地を訪ねて作ったビデオが。ひろしの弟がもっています。

聞き手：島田隆久　宮城能彦二〇一〇年六月二〇日10：06〜11：40　奥民具資料館にて

(11) 大阪伊丹の工場で旋盤工として

宮城百合（昭和四年五月三一日生）

屋号：田ン原（タンパラ）

――今日は寒い中ありがとうございます。小学校は奥ですか？

（百合）はい、高等科まで奥です。

――そのあと学校を卒業してからどうなさったんですか？

（百合）学校を出てすぐ四月に内地に行く予定でしたけど、奄美大島の沖で船がアメリカにやられたために七月に延期になりました。その間は、学校の裏の防空壕掘ったり、もういろいろな作業をやらされました。

部落内に独り者のおじいちゃんがいらっしゃったのですが、そのおじいちゃんが薪とりに行って帰らないので、みんなで山探しにいきました。私たちも、成人

会会長さんがみんな山におじいさん探しに行きなさいって言ったから、山に探しに行きました。

――**迷ったんですか？**

（百合）はいおじいさんが迷ってから、とうとう見つからないでみんなで帰ってきましたけどね。

――**沈没したのは対馬丸のことですかね。その情報が入ったのですか？**

（百合）はい。七月にこっちから那覇に行ったら、「サイパン玉砕」って、あっちに貼り紙されていて、「どうしよう。恐いねー」って言ってました。船の名前も教えてくれなかったですよ。もう乗りなさいって乗せられてね。

七つ道具。ベルト、ロープとかあんなの七つ道具渡されて、船の一番底の方にのせられました。

――**いったん那覇に行ったけど延期になったのですか？**

（百合）奥にいるときに七月に延期になりました。

七月に船で鹿児島に行って、会社の方が迎えにくるまで一週間、鹿児島で桜島とか見学してました。

――**誰が案内してくれたんですか？**

（百合）自分たちで行ったんです。桜島で小さい梨を買いました。それから、洗面器を持っていかなかったので、洗面器を買いました。小さな桶です。
会社の方が迎えに来たので鹿児島から汽車に乗って兵庫県の伊丹の塚口で下りて、伊丹鐘ヶ淵工場という所に行きました。
そこには、奥のねえさんたちが炊事場にいて迎えにきてくれましたから、行く前は心配でしたけど、向こうに着いてからは安心しました。

―― **仕事はかなりきつかったですか？**

(百合) 仕事はね、着いたその日だけ休んで、すぐ夜勤でした。一週間夜勤。旋盤工でしたよ私なんか(笑)。一週間夜勤して、その次から昼勤と交代交代で一週間ごしでやってました。
空襲警報が鳴ったら防空壕に、水が溜まってる防空壕に、みんな竹槍もって隠れました。

―― **竹槍持ったままで？**

(百合) 竹槍もって防空壕にみんな入りよったんですよ。

―― **竹槍持てと教えられてたのですか？**

(百合) はい。あっちで竹槍の訓練もしましたよ、会社に行ってから。

―― **竹槍持って、もし敵が降りてきたらやりなさいってことですかね。**

(百合) はい、今考えたらほんとに……。

―― **今からでは考えられないですね。旋盤で夜勤とか、かなりきつい仕事でしたか？**

（百合）飛行機のプロペラの部品とか言ってましたけど。

――女の人が普通はできないような重労働ですよね。

（百合）バイトっていう、旋盤に付いて削るのがあるけど、これを折って係の人に怒られてよく泣きましたよ。

――よく折りました？

（百合）はい。折ってからよく泣きましたよ。「またやったかー」って言われて。係の人が安達さんという青年でしたけどね、よく怒られました。

――工場ではずっと終戦まで働いてましたか？

（百合）はい。戦争終わるまで。だが私はね、いとこのおばさんがお産するので、係の人にお願いして岡山に行きました。一週間という約束だったけど、ひと月はお産手伝いに行ってました。で帰ってきてしばらくしたら、戦はもう負けてました。

――戻ってきてしばらくしたら終戦だったんですね。戦争終わったのはどうやって知ったのですか？

（百合）ああそうね……。解散したんですよ、「戦に負けたから」と言われて。各々親戚のところに行ってね。私は兄さんが大阪でお店してたから、お店の手伝いをしに行きました。沖縄帰ってきたのはね、二一年の六月か八月頃だったと思います。二、三か月したらお正月だったから、八月頃帰ってきたと思います。

――大阪はどちらですか？

（百合）大阪の神崎川（淀川区）の三津屋です。

私はみんなより、宮城奈津子（昭和四年一〇月一〇日生・屋号：前宮城）さんより一年遅れて帰ってきたんです。泡瀬のね、収容所で一晩泊まってから、それから奥の方に。バスがありました。宜名真までしかバスはなかったですよ。私は辺土名におじさんがいましたから、むこうで一泊してから帰って来ました。

――辺土名で一泊してから宜名真へ？

（百合）はい。宜名真からまた歩いて山道を通って奥に着きました。

――帰ってきたと時はどう思われましたか？

（百合）帰ってきたときはね、みんな自分が思ったよりもみんな元気でね、お父さんもお母さんも元気でありました。

――向こうで一番きつかった仕事は？何がきつかったですか伊丹での生活で？

（百合）工場でですか。そうねえ夜勤のときが一番つらかったです。休憩時間もありましたけど、ずっと立ちっぱなしで。夜もずっと。

夜勤のときは午後の五時から行くときも六時から行くときもありました。

――それから朝まで？

（百合）はい。朝七時に終わったら寮に帰って交代。

――工場は二四時間動いてたんですね。

（百合）はい。

――工場にも空襲があったんですよね、爆弾落ちて……。

（百合）はい。工場には直接は爆弾落ちなかったんですけど、「空襲警報！」といってサイレンがなったらみんな防空壕に入りよったんです。

（島田）工場で迎えに来たのは？

（百合）親ン原（ウェンパラ）のヨシ姉さん。従姉妹の姉さん、蔵根仲（クランニーナーカ）の。

（島田）今の話とは別に、疎開の準備をしていたでしょう。親ン原（ウェンパラ）の子どもたちは。

（百合）民吉が宮崎のほうに疎開するといって準備してるから、もしあんたが日曜に面会に行くんだったら何かお菓子か何か持って行ってあげなさいねと、お父さんか

ら手紙がきていました。私が向こうに行っているときに。民吉はうちの弟です。結果的には行ってない。弟は疎開の準備はしていたけど、行かなかったです。

――お父さんはその時どちらに？

（百合）こちらに。奥に。

――疎開行かなかったのは？

（百合）戦争が激しくなってたから。

――奥から疎開行った人はいるんですか？

（島田）いないでしょう？

（百合）生徒の疎開はいませんね。準備してるのは弟なんかの同級生。

――やんばるから疎開行ったっていう話は聞かないですね。

（島田）いや安波などはだいぶ多い。

――奥に帰ってこられてからは何をされてたんですか？

（百合）喜如嘉の方に洋裁学校がありましたから、あっちで洋裁学校行ってました。喜如嘉まで行って。

洋裁学校の先生は結婚してから那覇のほうに行ったからちょうど半分しか学校出てないです。洋裁学校は。

――このときはどこに泊まってたんですか？

（百合）平良親順先生。その奥さんが私のいとこのおばさんだったので、手伝いしながら向こうで泊まりました。

――ご家族は帰ってきたときにみんな元気に？お父さんもお母さんも。

（百合）はい元気でした。

――工場に行く人って言うのは、先生が選んだんですか？

（百合）学校からです。親吉屋の金城筆（はじむ）兄さん（大正三年生）が亡くなったので、妹のトキさん（昭和四年生）が行けなくなったから、私が代わりに行かされたんです。先生が家に来て。

――先生が家に来るんですか？親に話し持ってきて、お父さんお母さんがいいって言ったら行く。もしダメっていったら行かなくてもいいんですか？

（百合）ダメとは言わなかった、みんなが行きなさいって言うから。

――先生からきたら引き受けるのは当たり前みたいな？どうでしたか？いやでしたか？

（島田）お父さん（宮城親睦）は明治二三年生、五〇代、まだ人生半ば。

――友達と一緒だからいいかなあって感じですか？

（島田）四名一緒に行ってるから。

（百合） 金城トキさんの筆（はじむ）兄さんが亡くなったからトキさんが行けなくなって、私に行きなさいっていうから、「行っていいねー」って聞いたらお父さんが「学校からのものだったら行きなさい」って言いました。先生もいらっしゃってから、お父さんと相談してから行くことになりました。

（島田） 筆（はじむ）兄さんってハブにかまれてからどうして亡くなった？病気で？

（百合） 若いときはハブにかまれたけど、病気で。結核だったはずです。

――伊丹まで行ったのはよかったですか？行かない方がよかったですか？

（百合） 行ったばかりの時は押し入れに顔つっこんで泣きましたよ。寂しいからね。みんな部屋は別々でしたから。一部屋四名ずつでした。

親ン原（ウェンパラ）のヨシおばさんと、仲前小（ナーメグヮー）のヨシ（大正六年生）、栄屋のミツエ等、一部屋に一人ずつ奥の人が部屋におりましたから、そのお姉さんのところに一人ずつ入りました。お姉さんたちが責任もって色々教えてくれました。

――近くの大阪のお兄さんのところには終戦まで時々行ってたんですか？伊丹から。

（百合） はい。

――向こうで、沖縄の他の土地から来た人たちもたくさんいましたか？

（百合） 名護からも二人一緒に行きましたけどね、比嘉とよさん、與座ふみさんという人と一緒でしたけど、帰ってきてからは一回だけは見たけど、あれからは全然見てないです。

――大和の人と友達になったりはしませんでしたか？

(百合) 寮に居る大和の人みんなと仲良くしてました。

――戦後手紙やりとりしたとか？

(百合) 戦後はもう住所がわからないから、やりとりはしてないです。

――言葉は通じましたか？

(百合) はい。みんな同じくらいの歳でしたが、部屋長といって、あのお姉さんたちは少し歳は上でした。みんな若い人だけでしたから。

――みんな二〇歳前ですよね？一五・六歳ですか？

(百合) そうですね。

――向こうで青年学校に行くとかはなかったですか？

(百合) 学校に行くことはなかったですよ。仕事に追われて。

(島田) 食事は？

(百合) 食事はね、大豆にね、米粒が一つ二つ数えられるくらいの大豆ごはんでした。トマトを切って三切れか四切れか。

上原カマ（前蔵根の辰也の母・明治四〇年生）、いとこのおばさんが炊事場にいましたから、そのおばさんが残りものがあるときは奥から来ている四名に少しずつ持ってきてくれるときがありました。

たまには芋づる、粉にしたもので、おじやにしてあげるときもありましたしね。

――肉とか魚とかは全然ない。

（百合）（笑）。魚はたまにありました。肉なんかは全然。

――汁物は？おつゆは付いてましたか？

（百合）おつゆがあるときもありました。わかめとか、みそ汁で。

――毎日お腹すいてました？

（百合）最初はお腹すきよったけど、慣れていきました。

――夜勤のときに夜食は出たんですか？

（百合）夜食はなかったですよ。少しだけ休憩時間あるから、沖縄から持っていった砂糖をポケットにいれて持って歩いていたから、それをなめて。

夜は寒いときもあったけど、そんなにまで寒くはなかったです。大きなストーブに薪をたいていたから、そんなには寒くなかったです。

――奥に帰ってこられてから、奥で結婚もして？

（百合）はい。

――奥が一番変わったなあって思うのはいつ頃ですか？

（百合）そうね、学校ですかね。前の公民館のところに、茅葺きの学校がありました。若い人はみんな、一人に八〇斤（注：六〇〇グラム×八〇＝四八キロ）という割り当てがありましたから、やったこともない茅刈りに行くのは辛かったです。それを背負ってこっちまで降りてくるのも辛いし。中学校が山の上の大道（ウフドウ）にあったので、中学校の茅も刈りにいったし、あの時は辛かったです。

――みんなが刈るから、ずっと山奥に行かないと茅はないですよね。今日はどうもありがとうございました。

聞き手：島田隆久　宮城能彦　二〇一一年二月二一日　奥民具資料館にて

(12) 農兵隊として

崎原栄重（昭和五年一〇月一五日生）
屋号：崎原小（サチバルグヮー）

（島田） 崎原栄重さんは農兵隊に行ってます。

（栄重） 子どもの時から徴用されて、あんな哀れさせられて。

―― 学校は奥で出たのですか？

（栄重） 卒業してません。卒業前に行ったんです。昭和一九年に。学校に割り当てがあったんですよ。何名出せというように。二人選ばれましたが、もう一人の方はもう亡くなりました。

―― 二人は、先生が選んだんですか？

（島田） かなり大きかったから。頑丈だったからですよね（笑）。

（栄重） はははは、そうですね。

―― 今でもお強そうですね。最初はどこに行かされたの

ですか?那覇に?

(栄重) いやいや名護です。名護と久志村の間に部落があったんです。向こうに小屋作って。東江原と呼んでたんですが。

——昔は東江から久志まで道があったと聞いてますが、そこに訓練所があったのですね。何人くらいいましたか?

(栄重) 何人くらいと言われても……百人くらいですかな。そこで寝泊まりして。

——どんな訓練を?

(栄重) 訓練といっても子どもだから体操くらいなもんです。

——教練、行進とか?

(栄重) そうそう そうです。行進。名護から奥間までも夜から歩きよったんですよ昼は米軍の飛行機が飛んでいるから。三晩くらい歩きました。団体で。一ヶ月くらいです。訓練終わってみんな分散。大宜味と国頭はひとつになって、本部などとは別々に、分散しました。そして奥間に行きました。農業をしに。畑も少しはやりましたが、もうそんなに、できませんでしたな。兵隊の食糧を作るということでしたが。

——何を作ってたんですか?

(栄重) イモとか。毎日朝起きたら一応体操して、食事食べて、すぐ農作業。何ヶ月くらいですかなあー。三月に行って、一〇月に帰りました。

――空襲のときはまだ？

（栄重）まだ向こう、名護です。空襲は奥間でも受けましたが多くは名護で受けました。

――一〇・一〇空襲のときは覚えてますか？

（栄重）一〇・一〇空襲の時は奥の船（伊福丸）が燃えるのも見えましたよ。あのときはまだ奥。

――一〇・一〇空襲は昭和一九年ですよね。ということは一九年にはまだ奥にいらしゃった。

（栄重）卒業は、昭和二〇年の二月ですな、じゃあ。一〇・一〇空襲は一九年の一〇月はまだ奥だから。

卒業証書を六〇歳になってからもらった方達はうちなんかの同年ですよ。戦争で卒業式してない方達は。

――では、崎原さんは卒業証書はちゃんともらったんですね。

（栄重）はい。奥はですな、卒業してすぐ翌日から行ったらしいです。二二日に卒業式したら、二三日には山に追われたらしいですよ。うちらはその時はすでに名護行ってますが。

――一〇・一〇空襲の後、二月に卒業式の前に、最初は名護で訓練して奥間へ行って、奥間の後は、また名護にいったのですね。名護では何を？

（栄重）名護でも同じです。朝からずっと。

――終戦は名護でむかえたのですか？

（栄重）いや、二〇年の何月頃だったか、逃げてきたんです。バラバラになって、みんなもう危ないから。「解散」と言われたわけではなくて、個人個人で逃げたんです。夜、あんな小さい子どもがよく帰って来たと思います。昼は歩けないわけですから空襲で。

――戻ってきたのは何月くらいか覚えてますか？

（栄重）うちらの母達がチヌフクにおる頃だから、五月ごろかな。

――奥の人がまだ山に非難しているとき？

（栄重）はいそうです、まだみんな山に上がってました。五月か六月頃ですかな。親たち探して哀れしました。

（島田）名護からは西から、それとも東から？

（栄重）西側から。

――西側から逃げるとき塩屋はどうやって越えましたか？山から？

（栄重）山から。道があるから夜はまだ歩けよったです。

――まだ米軍来てない、上陸してない時ですか？

（栄重）上陸はしておるという情報は入ったんだが、まだこっち国頭にはまだ来ませんでした。

――やっと探して、お父さんお母さん元気だったんですか？家族みんな元気で？

（栄重）はい。元気でした。

（島田）お父さん防衛隊だったでしょう？栄重さん。その時はまだお父さんは奥にいらっしゃった？

（栄重）いや親父は防衛隊で亡くなって、母一人だったんです。兄妹は三名無事でした。それからまた転々として。

――山から降りたときのこと覚えていますか？

（栄重）ああ覚えていますよ。あれ忘れる人いないですよ。

――川が洪水だったらしいですね。その時は恐かったですか？

（栄重）恐かったです。でも、みんな一緒だからそんなには……。

――農兵隊から戻ってきて一ヶ月くらいですか。奥のヤマに非難してから山を降りるまではどうなさっていたのですか？毎日。

（栄重）山の反対に移動してですな、監視をやっていました。

（島田）つまり警防団の要員として監視命令されてやったわけですか？

（栄重）いやいや警防団とは別に、ワタンナ（注：現在の水道水源地）方面の監視。

――これは誰かにやりなさいって言われて？

（栄重）　いや自分たちで。

（島田）　一緒に避難しているグループの先輩方に言われたわけですよね。

――監視しているときはアメリカ兵とか見ましたか？

（栄重）　あの時は辺戸に駐屯して調査をしていました。山の中とか学校とかね。

――それを監視で見ていたんですね。

（島田）　栄重さん。あなたがワタンナ方面の監視していたところを後で教えてくださいね。最近山歩いてるからわかります。

（栄重）　乾麺麭(6)（かんめんぽう）を取りにも行きました。猪垣を頼りにして、この辺までは猪垣頼りにして山を歩きました。学校には米兵が駐屯してるから、乾麺麭が反射して光るかと思い布をかぶせて運びました。それで命が助かったんです。

（島田）　乾麺麭はブリキ缶に入っているから。

(栄重)そう、ブリキに入っておるから、それに光が反射したら、学校にいる米兵に見られるかと思って布をかぶせて、崖おりて、とってきて。奥はあの乾麺麭で助かったんですよ。

――みんなで山を降りて、ピーを渡って、それからはどうなされたのですか?

(栄重)それからはアメリカーに連れて行かれるままです。辺土名の兼久に連れていかれました。

――最初の夜は奥ですか?

(栄重)いやいや泊まらん。辺戸まで歩いて、辺戸からすぐ車で辺土名へ。

――その日のうちに?

(栄重)はい。そこから車で。奥は車通らんもんだから辺戸まで歩いて。辺戸にはアメリカ軍が駐留していますから。

――辺戸からは車?トラックですか?バス?

(栄重)トラックで。辺士名の兼久に連れられている人もおるし、饒波に連れられている人もいるし、乗ったトラックによって違いよったです。兼久が多かったですな。アメリカーに連れて行かれるままに。

(島田)最後の避難場所はどこですか?

(栄重)ヒクリンです。たくさんおったです。直ハ屋(ノーハチヤー)なども。那覇から避難してきている二軒も。また、栄次郎屋(エージローヤー)、屋小(ヤーグヮー)も。四軒、五,六軒いたです。

（栄重）どこに逃げるかというのは、親戚が話し合って一緒に、であったのですか？それとも偶然ですか？

（栄重）偶然です。

――トラックで辺土名まで連れていかれて、そこで捕虜生活ですよね。どこで寝泊まりしたのですか？

（栄重）家が残っているところがあったので、そういうところを利用して泊まりました。

（島田）辺土名の事務所のあるうち泊まったんですか？

（栄重）いや事務所とは別だったです。人の家。

――これも割り当てられて？

（栄重）割り当てでした。うちなんか家族は小さいから、那覇から避難してきとる方とうちとで一戸に二世帯。

――食糧は配給ですか？

（栄重）ああ配給だけでした。配給では間に合わんから、桑の葉とっておつゆ入れて食べたりですな。桑の葉おいしかったですよ。これをおつゆに入れて。

――あく抜きもなにもしないで？食べられるのですか？

（栄重）いやそのまま、食べよったですよ。おいしかったです。ほかに何もない時期でよくわからんが。

――辺土名にはどれくらいいたんですか？

（栄重）何月くらいで帰ってきたかな。そうですな八月、八月に行って戻ってきたのは、何月だったかな、もうわかりませんな。

（島田）おそらく、みんなと同じ一〇月の五日頃。それで奥は復興祭を一〇月五日にやっておるわけ。辺土名から戻ってきたのを記念して。

（栄重）辺土名から奥にイモ堀りに来よったですよ。食糧取りに。

――辺土名からわざわざ？イモ採りに？

（栄重）はい。イモ採ってまた辺土名に帰ってました。

――今、僕らはぜったいできないですよ。今の人にはできませんよ、車でも遠いと思うのに。

（栄重）こういう証言をするのは先輩が初めてですね。

――よっぽど配給足りなかったのですね。何回くらいですか？

（栄重）さあ二、三回ですかね。歩いて来て、奥に一晩泊まって。当時はアメリカの許可がおりてましたから。

――でもそのまま住んではいけないんですよね。帰らないといけない。その時はアメリカ兵は奥にいたんですか?

(栄重) 辺戸にいました。陣地があったから。そうやってまあ何とか生き延びて現在まで。

—— 戦後、奥に戻られてからは、どうやって生活してたんですか?

(栄重) ああ奥に戻ったら作業ばっかりです。復興といって家つくって。今日はどこの家の竹切り、明日はどこの家つくり。一五日くらい続きよったですよ。

—— 一五日間ですか。順番に?

(栄重) そう。組をつくって。帰ってきたら、親類の家が残ってたから親類の家に泊まりました。大きい家には四、五世帯、普通一戸に二、三世帯とか入っていたと思います。徳門(トクジョウ)に泊まりました。めがねのおばあがあの時元気だったから。

—— 最初の頃は食べるので精一杯ですよね。

(栄重) はいもう。だんだんやっと落ち着いてくるまでどれくらいかかりましたかなあ?生活が安定するまでは、、そうですな……。

—— 自分の家を建て直したのは?

(栄重) そうですなあ。三、四年後かなあ。すぐは出来なかったです。みんな組をつくってやってますから。

—— では、家が出来るまでずっとその家に?

(栄重) はい。復興が始まったら、もう暇なかったですよ、一日も。自分の仕事はできませんでした。

(島田) 復興の作業があまりにも多くて。

――やっぱりこの辺がすごいですよね。それぞれが自分のことだけをやっていたら、余計に復興は遅くなるし。最初に共同で作ったのはどこの家ですか?

(栄重) 最初に作った家はわかりませんな。

――その頃食べてたのはイモですか?

(栄重) はい。この辺はあっちこっちにみんな畑をもっているから。奥に帰ってきたら配給もあるし、自分の畑もそれぞれあるし。もう心配なかったです。

――辺土名にいるときよりも帰ってきたときのほうが、食べるのはあったんですか?

(栄重) 配給もありますしな。また自分のものも少しはありますし。

――しかし、桑(クワギー)を食べていたというのは、初めて聞きました。

(島田) 私も初めて聞く。でも、辺土名という所は桑の木がたくさんありましたからね。

(栄重) うちなんかもう辺土名にいるころは桑の葉ばっかりでした。

――戦争中一番きつかったのは何ですか?

(栄重) きつかったのは……、やはり食糧でしょうな。

——逆に何かちょっとした楽しいことはありましたか? たまには?

(栄重) 楽しいことなかったです。もう我々は哀ればっかりだから。

——でもそのときはこれが当たり前と思ってたんですよね。

(栄重) そうなんですよ、みんな一緒だから。

——農兵隊には行きたくないなあとかは思わなかった?

(栄重) ああ当時はそんなにまでは思わなかった。行くのが当たり前と考えておるから。

——行きたいとか行きたくないとかを考えるという発想がないんですね

(栄重) はい。うちらの同年生で、航空に志願して那覇まで行って、死んでる人が一人おりますよ。同級生で。あんな小さい時から戦(いくさ)に。

(島田) 玉城恒二(タマキコウジ昭和五年生・屋号:恒享屋《コウキョウヤ》)さんですよね。那覇で亡くなったんですか?

(栄重) 航空兵に志願して帰らなかった。もう内地に行く手段もないですから当時は。そのまま沖縄戦になって、沖縄で亡くなっているんです。

——いろんな人の話を聞いてて思うのは、何が幸いして生き残るのかというのは、本当に分からないということですね。どこで運命が分かれるのか。志願して亡くなった人もいれば、助かった人もいる。

（栄重）当時のわたしらは、今の中学三年、二年？

（島田）二年にもならない。

（栄重）その時に兵隊に連れられておるんですから。

（島田）今の中学二年になったばかりの、高等科二年の卒業前。

（栄重）日本の国はもう何ですかね。あんな小さい子どもが何できますか？

――沖縄戦では兵隊の数を増やすために小さい子どもまで徴兵したり徴用したりしたみたいですね。明らかに当時の法律違反だった例もあるようです。とにかく兵隊の数合わせをするために。

今日はほんとうに貴重な話をありがとうございました。

聞き手：島田隆久　宮城能彦　二〇一一年二月二一日　奥民具資料館にて

註

⑹かんめんぽう【乾麺麭】。旧陸軍の乾パンのこと。明治期の大日本帝国陸軍がビスケットを改良して作った携帯口糧で、後に「乾麺麭（かんめんぽう）」と呼称された。現在の乾パンはそれが改良されたもの。

(13) 女ひとりで祖母と子ども二人の食糧確保

与那城安《ヤス》（大正五年二月二〇日）
屋号：与那城（ユナグスク）

（島田）おばあは若いときから働き者でタコ取り名人。タコ取って娘二人を琉大に行かせてます。女一人でですよ。

（与那城）戦争反対してくださいよ先生。こっちは哀ればかりさせられてから、ほんとよー。

奥で生まれ育って、高等科二年まで学校を出た後にすぐ内地に働きに行きました。親を助けるため、妹や弟たちの着物を送ったりしてね。たくさんの子どもがいたから。兄妹たくさんいたからね。

――どちらにいかれたんですか？

（与那城）伊丹製絨所（せいじゅうしょ）って言ったんだよ。株式。紡績じゃない、伊丹セイジュウショって。（※羊毛精製と敷布の工場。伊丹製絨所は一九三二年谷江

長により設立された。）

――学校卒業してすぐ製絨所へ？

（与那城）みんなそう、親助け。

あのときの船賃はね、那覇から大阪まで一〇円。大変なお金だったんですよ一〇円という お金は。

――これはどうやって用意したんですか？工場から借りてですか？自分で？

（与那城）家からも出すけど。

――後で払うっていう？

（与那城）親が作って持たせてたはずよ。私なんかにはわからない。製絨所には奥の先輩もたくさんいました。

――毎日工場では朝からずっと？

（与那城）いや八時間勤務。朝は五時から二時まで。夜間の人と交代するわけよ。また二時から交代して一一時まで二交代。

昔は結核になる人が多かったから。昔は朝から晩までだったけど、それで体弱って結核になりよったから、それがあるから二交代になりました。昔は朝から晩まで。だから奥の人も結核でたくさん亡くなったよ。私なんかが子どものときにもね。食べるのを食べないからね。

――ずっと向こうで働いて……その時の楽しみはありましたか？

（与那城）そりゃありますよ。映画もあるでしょう。見に行ったり。

――同級生も一緒に？

（与那城）こんなものまではわかりません。奥から何人と言われても、いっぺんには行かないからね。

――誰か一緒でした？船に乗ったのは。

（与那城）一人では行かないでしょう。みんなで何人かで。

――伊丹製絨所にははどれくらいいたんですか？

（与那城）私は五年くらいいましたよ。たいてい皆行ってるはずですよ。

――時々あっちの生活のほうが楽しかったという人もいますけれど、どうなのですか？やっぱりきつかったですか？

（与那城）さあ……なんといっても私なんか哀れしにばかりこの世に生まれてきたんだから。戦争のために。

――あっちに五年いて沖縄に戻ってきてから戦争になったのですよね？

（与那城）　子どもできてからさね。戦争はじまったときはもう奥で結婚して子ども育てながらでした。

――　奥に戻ってこられたのが昭和の何年くらいになりますか？

（与那城）　一三年。一三年に帰ってきたらね。主人は、昭和一四年には招集されて、一四年、一五年……。一八年に帰って来て、一九年にまた護郷隊に徴兵されて。戦争がなかったらその恩給で食ってもいけよったわけさ。

（島田）　与那城隊長が戦争で亡くなった時のことはシンアンメー（上原信夫）が書いています。

――　もうほとんど旦那さんと一緒に生活してないんですね。

（与那城）　二ヶ年。一八年に帰ってきてから　一九年に沖縄戦に連れられてね。次女がすぐ生まれて。それからもう、あわればっかり。だから先生、戦争に反対してくださいよと言うんですよ。あんまりあわればかりしてきたから。

――　そのためにこうやって記録をちゃんと残そうと思っています。

（与那城）　大変ですよ、もう。運が悪いといったら悪いですね。今の子どもたちには絶対わからないです。戦争のことなんか。

――　戦争中は山に逃げていますよね、どこの山ですか？

（与那城）　カイチ。

（島田）　そこに実家（徳門仲）の土地があったからね。

――カイチに子どもと一緒に避難して。

（与那城）　主人のおかあさんも、四名。

――もちろん山の中で相当苦労なされて……。

（与那城）　男がおる人は男がみるけどね。

（島田）　ご主人が防衛隊に行っているので、避難小屋はみんなで協力してつくったらしいですね。

――食べ物はどうやって手に入れたのですか、避難小屋にいるときは？

（与那城）　奥の人はそんなにまでねー、食べ物には苦労していないですよ。夜はまた乾麺麭を取りに行くしね。私なんかはお婆さんがいるから、まだ良かったさね。女の子二人あずかってくれるから。

でも、そうでない人は、子どもをほったからしにして行き寄ったはずねーと、今でもかわいそうだねーと思いますよ。こどもだけを山において食糧を取りに行きよったはずねって思ったらね。私なんかでもかわいそうだねーと思いますよ。

――あの険しい崖を降りて、女の人が船から乾麺麭を取りに行くのは大変だったんじゃないですか？道も険しいし。

（与那城）　奥の人は男勝りだのに（笑）。

（島田）　男女は関係ない。むしろ女の方がじょうず。生きないといけないから。

（与那城）　ほんとうですよ。男の人の仕事も女の人の仕事も同じ。何とも言われないね。（酒は）飲まんかったけど。どこからお金もってくるね。

――戦争終わって山からおりるときは覚えていらっしゃいます？

（与那城）　一番かわいそうなのはね、子どもたち。あんな子どもだのに山からもう……。この食糧がなくなったら子どもたちはどうやって生きるんかねーと思う心があるからね。今の人は持ちきれないよ。あんなたくさんの荷物。絶対に。お米も、自分と子どもとおばあの着物を私が持って。ユッパ浜を、うちの長女の久子（昭和一四年生一月六日生まれ。当時六歳）に次女の清子（昭和一八年生一二月二〇日生まれ。当時二歳）をおんぶさせて、しまいまで、あんな砂がある浜を歩かせて。あれは今でもかわいそうだねーと思う。おばあもね、味噌とお茶とあれだけしか年寄りは持ちきれないさね。だから、久子におんぶさせて清子を。あんな子どもを、しまいまで。あのことが今でもかわいそうだねーと思う。涙ながれるよ。

（島田）　初めて聞きます。

（与那城）　喜如嘉に行ったらね。久子が疲れていると思ったから、私が先に行ってまず荷物を置いて、それから戻って清子をおんぶして。久子は歩かせて。あんな暮らしだったんだから。

男がおる家は男が面倒みたけど、私なんかはあわれしたんですよ。

（島田）はじめて聞くね。六歳のお姉さんが二歳の子どもをおんぶしてたわけね……。

（与那城）あれ考えたらほんとに許されないよ私なんか。今でも。

私なんかが荷物いくら持とうとしても、こんなに体がちっちゃいものだからね。でも、昔の人は意地があるから力はありましたよ。

その後、アメリカーの陣地がある辺戸上原ウザバマから車で収容所のある喜如嘉までいきました。

――アメリカ人を見たのはこのときが初めてですか？

（与那城）そうよ。戦争中は山で隠れているから見るはずないでしょう。

――どう思いましたか？

（与那城）どうといってもみんな一緒だから、ねー。

（島田）私はその時小学校二年生だから。非常に若いなあーというのと、目の色が違うというのが印象的でした。恐いというのはなかった。対応が優しかったから。

――私の母親もやんばるなんですけど、戦争中はじめてアメリカ人を見た時に、やぎと思ったって、白いやぎと黒いやぎ（笑）。

――最初喜如嘉にも四人で？おばあちゃんと娘二人と。泊まったのはどちらの人の屋敷ですか？

（与那城）金城といったね。楚州《ソス》の人も一緒にね。奥の人は、トヨさん（新門）。田んぼ仕事を一緒にやったから。

喜如嘉には奥の人はあんまりはおらなかったね。

――奥の人が少なくて、心配ではなかったですか？

（与那城）いえ。ごはんも配給がありましたから。自分なんかは米を持って行ったからね。食糧を持つために子どもにあんな哀れさせたんだから。食糧はそんな困らなかったですね

その後、謝敷に行って、そこから奥にきて。上根《ウンニー》という所に。ちょっとはいたよね、あまり長い時期ではないけど。

奥に戻ってきてからは、実家の建物が残ってたからそこに住みました。旦那の家は燃えてしまったから実家で。自分の両親も元気でいてそこでしばらくいて。一年くらいみんな

で、共同作業で家の屋根を葺いて。

――どうやって生活していたんですか？食べ物は。

（与那城）あんまり奥は食べ物はねー困らない。あの時分は。配給もあったから。芋だけは畑にあったから。カイチの猪垣の滝の上に徳上仲《トクジョウナカ》の避難小屋があって、そこに籾を保管してあったからね。雨の日もそれを取りに行って。それがあったからお父さんの焼香もできたわけよ。籾をおかゆにしたから、そんなにまでは食べ物には困らなかった、困った人もいたはずだけど。

――戦争中に一番きつかったのはなんですか？

（与那城）やっぱり、子ども達がいましたからね。食糧取りに行く時でも、もしも自分が死んだらこどもたちも死ぬんだというのが恐かったですね。

もしも自分が敵にあって死んだら、子どもも死ぬのはあたりまえでしょう。これは恐かったですね。そんなこと思わない人もおるかもしれないけど、私は思いましたね。私が三人をみてるんだから、私が死んだら三人を誰がみる人おりますか。あれだけは恐かったですね。

――子どもを育てるために一生懸命頑張ったのですね。

（与那城）ああ、もう、どんな苦労しましたから。泣いても泣ききれないくらい。男の人がいるところは男の人がみてくれるからなんの心配もないさね。私なんかは大変であったわけさ。

―― **戦後はどうやって生活してきたんですか?**

（与那城） そんな困らなかったですよ。山も行くしね。木炭運搬でね、そして、海でタコ採り。山より海から儲けよったね。あの時はまたよーけいタコがおったから。注文もありましたよ。海に行かない人もおるでしょう。店にはないから。正月になったらお祝いもするし。注文もあったし。奥はその頃人口も多かったし。行かない人もおるでしょう。行っても誰でもとれるわけではないでしょう。

（島田） こればかりは、誰でも採れるという訳ではないから。特殊な能力のある人しか採れないから（笑）。

―― **いつ覚えたのですか?どこで。**

（与那城） いつといっても、わかりますか（笑）。子どものときからね。

（与那城） おばあが上手だった。海人《ウミンチュ》でした。父定芳（明治二四年二月二七日生）の母（ウシ）、祖母に似たんだはずよ。だから上手だはず。うちのお母さん（金城ウシ）なんかは絶対できない。

昼なんか行く暇ないよ。昼は山、夜は海。夜も昼も一日中働いていました。だから、戦争なんか反対するんですよ。戦争のためにこんなあわれしてるんですから。主人がおったらこんなにはならなかった。

（島田）奥の男で一番重要な仕事は、斧で木を削るということだったんだけど、この人の旦那さんが一番上手だったわけ。木を角材にするのに昔は斧でやる。それが上手かどうかは、削った跡をみればわかるわけ。斧使いをやりきらないと飯食いきれなかった。

——記録をちゃんと残して、二度と戦争しないように若い人に教えないといけないですね。

（与那城）今の若い人たちは農業さえもしないのに、山にも食べるものなくなっているし、わかるかね。

——今日は貴重なお話ありがとうございました。

聞き手：島田隆久　宮城能彦　二〇一一年二月二一日　奥民具資料館にて

(14) サイパンで従軍、戦後奥で奥丸の建造や発電所建設に貢献

宮城親順（大正一四年八月五日生）

屋号：上新屋（ウイミヤー）

（親順） 僕は五歳の時にサイパンに行きました。おやじがその二、三年前に行って基礎を築いて、それから兄貴が行って、それからぼくら、姉とお母さんと三名行ってるわけ。その時が五歳。

それから一五のときにパラオの水産試験場の船に乗りました。昭和一五年に。そして、一六年の八月九月頃だったですかね、セレベスの無人島に派遣されました。当時は僕ら意味がわからなかったけど、後で考えるとやっぱり一つのスパイ行為だね。防諜。

そして、昭和一六年の一二月八日、真珠湾攻撃する時に僕らの船に無電が入って。無人島で無電の監視を

しておったわけ。

そしてパラオに逃げてきた。だから大東亜戦争の真珠湾攻撃のときから僕は関わっているわけ。

それで、転々といろんな御用船乗ったりして、ダバオで野戦病院に入院したりしたんだけど それでも何とか復活して、船乗って、最後には神戸港に行きました。その時にはもう日本国外には出られない状態だった。昭和一九年かな二〇年。神戸港で空襲にやられて負傷してそれでまた二ヶ年入院して沖縄に帰ってきたわけです。

それが僕の経歴です。

——終戦迎えられたのは？

（親順）神戸です、沖縄への帰還は神戸から。

ふりかえってみると、僕はどこの人間であるかという意識がなかったわけですよそれまでは。だけど、ぼくは本籍地は沖縄だから、もうどうせ仕事も出来ないし、貫通のあとが体に三ヶ所あるからね。それでしかたがないから、帰るところはもう本籍地と決めたのです。帰ったら親戚なんかがいるんじゃないかって言われて。それで沖縄帰還第一便で帰ってきたわけさ。

——神戸から第一便で。

（親順）はい。それから帰ってきてから奥の復興関係の仕事をしました。エンジニアだったから関われることもあったわけですよ。

昭和一九年七月にサイパンは玉砕。現住所はサイパンだったから、それで僕は大牟田で徴兵検査されて甲種で受かって、佐世保に入隊したんです。御用船の船員が少なくなっていたので、とうとうずっと最後まで御用船乗せられていたんですよ

だから沖縄に帰ってくるときは僕一人帰って来ました。ところが、お母さんと妹が玉砕したはずのサイパンから沖縄に帰ってきて再会できました。家族のうち五名はサイパンで玉砕。

―― 有名なサイパンの玉砕の犠牲者？

（親順）そうです。だからサイパンの僕の屋敷の跡の写真があります。（写真を取り出す）これは去年撮りました。それまで何回も行って屋敷探し出して。これ（製糖工場）だけは無傷なんですよ。サイパンの経済に貢献したということで現地の人間が傷つけてないので。

（島田）平和の礎に記名されているのは五名？お父さんと？

（親順）五名載っています。親父が亡くなったのは戦前だったから載ってないです。うちの兄貴、奥さん、子ども二人、それからうちの姉の五名です。

姉の消息もこないだようやく分かりました。最後は手足をけがして。恋人がいたらしい

です。その人が背負っていたんだが、どうしようもなくなってそのまま置いたっていうのです。恋もしないで死んだっていったら哀れですけどね、そういう恋人もいたってことで、まあ一安心しました。

――五歳というと、その前の記憶はあまりないですか。

（親順）少ししかない。奥のタチントー（現在は「かりゆしの岩」）という岩があるでしょう。奥村の前の海だったかね。それくらいしか覚えてないです。帰還する時に、それを見て「あここは奥だ」ってわかった。

まだちょっとだけ記憶にあったわけです。

――五歳でサイパンに行かれて向こうで学校は、日本人の学校？国民学校ですか？

（親順）一緒です、普通です。ただ、他府県の人間も一緒でした。だから何県とかあっちこっちから来ていたので、自分の故郷はどこかと考えた記憶はあんまりなかったです。だから、終戦になって、これからどこへ行こうかと、ふと振り返ったら、現住所はサイパンだし、玉砕しているし。さあどこ行くか考えた時に、本籍地というのがあったから、そこへ行けば誰かいるんじゃないかって思ったから帰ってきたんですよ。

その時はまだ妹とお母さんが沖縄に帰って来ているとは思わなくて、みな玉砕していると思っていたから。

（島田）お母さんは別々だった？まったくの偶然ですね。

（親順）僕はずっと水産試験場の仕事で終戦まで船だから生き残ることができ、戦後帰ってきた。お母さんたちはサイパンで生き残って終戦後沖縄に戻ってきた。だからいろいろと体験したわけですよ、避難とかね。だからほとんど毎年行くんですよ、サイパンの慰霊祭に。子どもは一歳でしたが収容所で息をひきとったから、内緒で火葬してね、女の子一人だけ。遺骨はお母さんが持ってきました。

（島田）お父さん、お母さんはさとうきびを作っていたんですか？サイパンで。

（親順）いや最初はとうもろこしを作っていました。半年後くらいにコーヒー農園に移って。

――コーヒー農園を自分たちでやられていたのですか？雇われて？

（親順）いえ自分でやってました。

その当時は国策として、食料・物資を入れるために海外に移民させてね。コーヒーとかパパイヤの乾燥したものとか、いろんなものを作りました。いわば日本の経済のために皆頑張ったんですよ、移民は。終戦になってからは何の音沙汰もないですけどね。

だから我々は毎年慰霊祭に行きますが、金のある人間は行けるけれども金のない人間は行けないわけです、行きたくても。そういう問題くらい国がね、せめて半分くらい負担してもっていいと思うけど。

たまに僕はそういうこと言うんだけど、何のための国家だったのかということだね。日本のこれからを思いやられるわけです。実際、国民のための国家じゃないとね。政党のための国家じゃないよね。だからそういうことを学識ある人間はやっていかんと。

——ほんとうに、そうですね。

（島田）この方々が帰ってきて奥むらにどういう貢献をしたかを説明しましょうね。

終戦直後はエンジンのことを分かる人は奥にいない。たまたまこの先輩が南洋で船を操っていたから、戦後二〇代の若さで、アメリカが持っているエンジンを奥に持ってきたり、あるいは与論島沖で座礁している台湾の蒋介石軍の船からエンジンを持ってきたりして、エンジンや発電機を組み合わせて発電所をつくった。奥が戦後一番復興が早かったのは、こういう機械を知っている方がいたからです。発電など新しい文化の花が咲くのはどこよりも奥が早かった。若干二〇代の若い人たちが協力したおかげでどのムラよりも経済的テイクオフがあった。そうやって奥は栄えたわけですよ。

（親順）やっぱり、みな協力してそれぞれの分野で分担したので奥の復興は早かったです。不自由しないようと頑張ったんですね、電気にしても。

奥に帰って来たら、平安座にアメリカエンジンの捨て場があると聞きました。僕は水産庁にいた時にエンジンの基礎勉強したもんだから、アメリカのエンジンでも見たらすぐ理解できました。分解して持ってきて、ここで組んで「奥丸」という共同店の船を建造してね。奥の松で建造しました。エンジンを僕らが整備したのを載っけて。それで奥の船が再開したわけです。

今考えれば、その当時の人間で、証人としては僕らくらいしか残っていないわけですよね。僕らが記憶のあるうちに、みんながどれだけ苦労してどれだけの功績をあげたかということを記録しておかないと、誰もわからなくなってしまうよと僕らは話しているんです。実際の真相はね

今のうちに記録取っておかないとと思って。歴史だけは正直にやってもらわんとね。歴史の改ざんとか時々言われるけど、ほんとうに尽くした人間、死んだ人間が載ってない状態じゃあ死んだ人間が浮かばれないですよ。ほんとうに努力した人間が。

当時、だれが実際に協力し難儀したかということは僕らにはわかるから、僕らが生きているうちに記録しなさいと言われるけど、僕らからは言える問題じゃないからね。聞かれてはじめて「こうだった」ってこと言えるわけです。でも、自分史でも作って出そうかと思っているところです。

——それは是非お願いしたいです。

（親順）偶然パラオ帰還者会長の田中という人が慰霊祭のためアンガールに行くって言うから、

おじさん、おばさんが戦死しているから写真でもいいから撮ってきてって言ったら、ビデオを撮ってきてくれました。

翁長さんの自分史を見たら、水産試験場にいたときの写真があって僕が写っているわけ、昭和一七年の。もっと早くこの写真を見つけていれば、戦前水産試験場で働いていたことが一発で証明できたのに。年金受け取りのためにそれを証明するのにずいぶんと苦労しましたから。

この翁長さんもパラオから帰って、相当貢献しているわけ沖縄に。こういう人は自分史作ってるからいいけど、ほかにも貢献した人がいっぱいいるわけ。掘り起こして記録に残さんと。

――『奥のあゆみ』の発電所の話とか、座礁した船からエンジン取ってきて発電所作る話などはすごく感動しました。

（親順）あのいきさつはね。実は、小さい発電機とかは最初からあって、お祝いの時とか臨時に電気をつけていたけどね。僕らは、奥部落全体に電気をつけないといけないと思っていました。

ではどうしたらいいかという時に、平安座島にエンジンがたくさん（捨てて）あるとか、発電機はどこにあるとかを聞いたのです。

発電機は糸満盛次郎（明治三八年生・屋号：阿舎木ノ後《アサゲンシー》）という人が持ってきました。エンジンは僕がやるからと言って、持ってきて組み立てて発電したわけです。いろんな機材とか、与論沖の座礁船とか使えるものは全部使って。それが一番最初の発電機です。たかが電気がついただけというかもしれないけど、裏では相当苦労しているわけだからね。僕も二〇歳のときからエンジンの勉強をしてきたから、アメリカエンジンでもすぐわかりました。部落にも、そういう復興に協力する人がたくさんいました。そういう協力者は現在ではほとんどもう亡くなってしまっていない。その当時は画期的なものだったわけですよ、電気つくるって。

――一つの集落で発電所つくるなんて想像もできないくらいすごいことですよ。

（親順）売店主任だった宮城安真（明治四〇年生・屋号：タンパラ）さんが与論沖の座礁船にエンジン取りに行くというのだが、部落の了解とってこないとダメっていって言われて。じゃあ、僕に一人技術者つけるなら行ってもいいかって言いました。

――エンジン取りに行くときは命がけという感じでしたか？

（親順）いえもともと船乗りだから船に関しては大丈夫でした。あの時に船に関して他に知識ある人いないわけですよ。三千トン四千トン級だからね。それが座礁して陸にあがってるような状態だから、上がりきれないわけですよ。

僕はロープひっかけてからロープ一本でずっとあがって、エンジンや必要なものを全部おろしてもってきました。

そのエンジンで、僕らは「奥丸」や製材・精米所とかを動かしたわけです。だから、今考えれば部落に相当貢献しているんじゃないかと思うけど。

――今の人は、逆にそういうことできないですよ。

（親順）だからまあ、我々戦争から帰ってきて、やっぱりなんか不満というのか、やっぱり自責の念というのもあって、なんかもういろいろ複雑だったわけですよ。

我々の時代に戦争おこして負けたし。トップばかりを責めるわけにもいかないし、我々も参加したしね。複雑な気持ちなわけですよ。

せめて故郷くらい復興させようと、それで力が入ったんでしょね。まあもうほんと放心状態でした。

だから、今の人間には理解できないでしょうね。

――今の人間にはそれだけのエネルギーがないですからね。

戦争中は大東亜共和圏つくって等、理想にもえていたのですか？

（親順）そうですね、まあ日本の教育の力だったんでしょうね。

僕らも相当こわい目に遭いました。輸送船団組んでますが、片っ端から轟沈させられて。

ダバオでも野戦病院で三ヶ月入院したのだけれど、帰ってきてまた船に乗って、二回目またやられて。その時は貫通も三ヶ所あったし、他にも大けがは五、六ヶ所あるからね。それでも急所はやられてないから生きてるわけです。

――当時は相当な体力あったんですか?

（親順）なくてもあったふりしとかんとね（笑）。気力だけは十分あると思うけど今でも機械屋だから、旋盤工作機械まわして機械作っています。まだ現役です。引退してないですよ、僕は。

――技術系の方は見方が違いますよね。現実的というか、きちんと事実をふまえている。

（親順）技術はやっぱり確実性を追求するわけだからね。「だろう」とかじゃ通らんわけですよ。「である」というところまでもっていかないといけない。

――電気がつくかつかないか。「つくかもしれない」じゃダメなのですね。ぼくらが非常に尊敬するのは、故郷に何か貢献しないといけないっていう、そういう思いですね。

（親順）貢献というのと、ぼくも機械関係だし……。

辺戸上原（ピドゥバル）に米軍陣地がありました。そこでエンジンが故障して、部落からエンジニア派遣という要請がありました。部落にアメリカエンジン知ってる者がいないから、結局僕にまわってきて。

それで条件つけて行きました。エンジンの部品とかガソリンとか燃料を奥部落に補給してくれるんだったら、ぼくが行ってやりましょうと。

アメリカ軍としては、ドラム缶をそのまま譲るわけにはいかないから、(ドラム缶の)半分だけ使って、そのままそれを捨て場に運びました。それらを奥から派遣された婦人連中がやってきてガソリンを抜いて奥に運ぶというのをやったことありますよ。

だからそこらへんも機械やっただけじゃわからない。エンジンあっても燃料を補給し回さないと意味ないからね。

だから、その補給のために、三回くらいエンジン修理で米軍基地に入りました。そういうことは誰もわからない。

(島田) この話は私も初めて聞きました。

(親順) 肝心な問題。そういう運営関係やらんとね、機械だけ処置しても意味ないわけだから。そういう状況だから僕は米軍基地に行ったんだけど、それも誰もわからんわけです。

――アジアとかアフリカに機械援助するけど、ガソリンがなくなってしまって動かないとか、一回壊れたら終わりとかいう話をたまに聞きますね。

(親順) はい、そういう状態じゃまずいから、そういう条件つけて行ったことあるわけです。小さいことかもしれないけど、知ってもらいたい。そういうのがないと動かないですからね。一回だけならいいけど。

結局は作った人にまた戻ってくるからね、エンジン組んだ以上は動くのが当たり前ということだから他の人間は。

――奥の発電所の話は世界中に誇れる話だと思います。

（島田）誇れますよ。現在の国頭村が自分で二〇トンの船作りきれるか？絶対にできないですよ。

（親順）陸で船を組立てるわけだが、一トン二トンあるエンジンをどうやって船に積むかという問題ひとつ当時の状況からすれば考えられないわけですよね。

おかげで僕はやりかたわかっているからよかったんです。木材組ませて、チェーンブロック使ってやれば出来るんですよ。

（島田）重機がない時代に自分たちで機材つくって。

(親順) 今考えれば簡単だけどさ。よく二一、二のときにやったなって思います。船の専門知識もっていたおかげですね。

――今、誰も信じないですよ、かつて、一つの部落で、自分たちだけでエンジン付きの二〇トン級の船作ったっていうことは。


(島田) 奥のムラおこしはね南洋文化ですよ。例えば一つの話をしましょうね。

くじら船に救出されたジョン万次郎の故郷、土佐出身の中山という言う人が南方で船会社をもっていたわけ。この人のトゥジ(妻)が伊是名の人だということで、奥丸建造の時はその人を船大工にお願いしたんです。その人は木で船を作る仕事、そして親順さんは機械の仕事、分担してね、そういうようなチームワークで戦後の奥ができたわけです。

奥だけの知恵じゃなくて、こういう南方の精神なんです。

そして辺戸上原にいくとちょっとした通訳みたいな人が出ていたわけです。南洋というのは国際的な島だから、そこの出身は片言の英語がわかるわけです。奥の人はABCもわからんし聞いたこともないけど。

終戦後の奥文化というのは、そういう南洋帰りの先輩方が国際化という一つの感覚もっていたから、機械、船作り、言葉というところで発展していったわけです。


――戦前の方こそスケールが大きいですね。

（島田）戦前、戦時中、終戦直後のほうがスケール大きい。今の人たちに言っても笑うだけの話です。

——沖縄全体が小さくなっちゃった感じがします。

是非、親順さんには『自分史』をつくってほしいです。協力できることがあれば是非協力させてください。今日はどうもありがとうございました。

聞き手：島田隆久　宮城能彦　二〇一一年二月二一日　奥民具資料館にて

(15) 小学三年生の戦争体験と戦後の生活

平良幸雄（昭和一一年六月一七日生）(7)

屋号：平良屋（テーラーヤー）

（平良）本当の生年月日は昭和一一年の早生まれで昭和一〇年生と同じ学年なのですが、昭和一一年生と一緒に学校をでました。戦争の時は小学校（国民学校）三年の時です。

——一番覚えているのはどんなことですか？

（平良）まだ小学校三年でしたが、妹をおんぶして一日中山の中を歩いていたことを覚えています。一晩休んで次の日また歩きました。西から上がって東に回って。最終的には東の山の中に落ち着きました。二～三ヶ月おりました。

食糧がない時ですから、小学校三年生でも、塩焚きあるいは食糧を取りにやらされました。

――子どもが塩焚きもしたのですか？兵隊がやっていたというのは聞いたことあるのですが。一晩中塩焚きをしてもそんなにたくさんは塩はできないですよね。

（平良）はい。塩がないですから。焼け残った家屋に夜に行って、何でも燃やしました。そんなにたくさんはできないですよ。（食べ物に）味を少しつけるくらいですよ。手のひらくらいだったんじゃないかな、わずかなものです。これを使い果たしたら、今度は海に行って塩水を一升瓶に入れてもって帰って味付けに使いました。これは僕ら小さい子どもの役割。

――シンメー鍋を使ったのですか？何度も海水をつぎ足して？

（平良）はい。シンメー鍋で。海水汲むのは一、二回だけですよ。だからほんのわずかしかできない。戦争中山の中に避難していた時よりも、戦後、捕虜で辺土名へ行って帰ってきた後の方が一番苦しかったです。避難していた時はある程度食料の蓄えもあったんですよ。お米もあったし、戦争中座礁した船から食料を勝手に取りに行くんですよ。それがあったから、奥の人はわりと助かったのだと思います。乾麺麹とかジャガイモとか、食料がありましたから、周辺の避難民が皆で食い尽くしたのではないですかね。

――平良さんも取りにいかれたのですか？

（平良）子どもはいかなかったです。さすがに。ものすごい絶壁の所に座礁してましたから。あれは、昼には逆に歩けないところですよ。夜だから這って行けたと思います。夜は（米兵

から）見えないから

辺士名での捕虜生活は一ヶ月くらいじゃなかったですかね。歩いて帰ってくるのは普通でも子どもが一日かかる距離ですが、僕らは三年生、四年生ですから、自分の持ち物と弟、妹を負ぶって一日中歩いて帰ってきました。道路は無いです。人が歩けるだけの道です。

帰って来たら、自分の家は無くなっているから、親戚の家に間借りして一緒に住みました。そこに住みながら芋や米を作るために田畑を耕すのですが、一年間ほったらかしていた田んぼで食糧を作るのは本当にたいへんでした。あちこちにある畑でなんとか芋をつくるという感じでした。そういう苦労をしてようやく落ち着いたのが昭和二三年くらいだったと思います。三年くらいかかりました。

――学校へは行けたのですか？

（平良）はい。でも校舎はありません。木の下で、青空教室です。

行政がどうしたのかはわかりませんが、自分たちの共同作業で茅葺きの長屋の校舎を三つくらい造りました。窓も開けっ放し、戸もなく、豚小屋みたいなものです。卒業までその校舎でした。台風で壊されることはありませんでした。屋根がついているだけですから、壊れようがなかったです。

その時の教育は、勉強するというより、どうやって食糧を作るのかというのが主でした。

三年生以上は各学年に畑が割り当てられていて芋や野菜をつくりました。上級生はお茶畑もありました。そういうのに力を入れていたようです。だから僕らは何もわからなかったです。教育の基礎ができていないのですから、五，六年生になっていきなり分数とかができても全くわからなかった。だから、卒業してから一生懸命勉強しました。

――戦争前には奉仕作業だけでほとんど授業らしい授業はなかったという話はよく聞きますが、戦後も同じだったのですね。

（平良）はい。戦後も同じでした。戦前は、石部隊の炭焼き部隊一四、五人から二〇人くらいが校舎に駐屯していましたから、炭の供給関係の仕事が生徒の役割でした。炭を束ねる縄を編んだり籠を作ったり、一日一人五〇尋（注：ひろ、両手を左右に広げた時の長さ。六尺（約一・八メートル））供給するのが小学校三年生以上の義務でした。だから勉強どころではなかったです。

戦後も勉強にはあまり熱心ではなかったですね。今考えると先生方もそうだったと思います。学校を休んでも農作業はしなさいと言われたくらいですからね。

僕らの学年から、六三三制になったので、（小学校六年生を終えて新制の）中学校に行きました。（それまでは八年制の初等学校）、校舎は中学三年の二学期までは今の小学校の敷地でしたが、その後、今の琉大の山荘がある所に中学校の校舎ができましたが、卒業まで茅葺き校舎でした。

新しい中学は瓦葺きでしたが、戸はないしとても寒かったです。毎日二時間くらいは開墾作業でした。勉強どころの話ではなく、どうでもいい感じでした。豚やヤギを養ったり開墾したりで半分も勉強しなかったです。

国頭村、東村、大宜味村をまとめた辺土名地区教育委員会というのがありましたが、先生方は、そこからの文書を取りに生徒を辺土名まで行かせていました。バス停は宜名真までしかないからそこまでは歩きです。郵便局があるので郵便で配達すればいいのに。「今日は誰が行きなさい」と平気で先生方は生徒をやらしてました。僕もよく取りに行きました。そうこうしているうちに、あっというまに中学を卒業しました。

卒業後は、親戚の人が郵便局にいて、ちょうど配達員が那覇に転居していないということで、僕がやるこ

とになりました。一日八〇円（B円）。ただの八〇円ですよ。ドルになってから月給で十何ドルになりました。ドルになって九年くらい郵便局にいました。

一九六二年くらいに郵便局を辞めて名護にいって勤めました。教育もあまり受けていませんからどうなるかと思ったのですが、ちょうどオリオンビールの工場ができた頃です。運転免許を持っていたからとても助かりました。ビール工場で働くか公務員になるかと迷っていたら、知り合いの勧めで公務員になりました。ビール工場の方が給料はよかったのですが、ちょうど保健所と病院関係で運転手の仕事があるということで、それから三二年くらい病院関係の仕事をしました。

――運転免許はいつどちらで取られたのですか？

（平良）名護に行ったばかりの時に、那覇の波之上に通って取りました。勤めるようになってからいろんなことをしました。その頃はキャラウェイの時代、大田主席になったばかりの頃ですかね。ブルドーザーで奥まで道ができたのですが、あまり立派な道ではありませんでした。一度だけ名護から奥に見にいったことがあります。あまり親にも会いにいかなかったですね。

その頃は運転免許を持っている人があまりいなくて、いろんな仕事をしました。いろんな仕事ができる会社にいたんです。最初は裁判所で一年くらい、その後オリオンビールに一年、それから保健所、そして病院に行きました。あまり悪い仕事はしなかったですよ(笑)。その時分やんばるでは運転免許を持っている人があまりいなくて、僕は(免許を取るのは)早い方でした。そういうことで仕事には困らなかったですね。

——那覇へ通うのはたいへんではなかったですか？お金も。

(平良)　毎日那覇に通いました。その時分は、アメリカは病院とか保健所に力を入れていました。病院と保健所はいっしょ(併設)でしたが、病院には二人か三人しか先生がいなかったのに保健所には四、五人先生がいました。結核やマラリヤ、フィラリアの撲滅をしようという三本柱があったようです。

例えば、ＴＢ(結核)の係、ＶＤ(梅毒)の係、それから精神病の係、そういうものにアメリカは力を入れていました。アメリカの厚生局みたいなところのワーターワーという長官から毎日保健所に指導がありました。

それで、各家庭を廻って便所や沼の消毒、それから、夜間の噴霧消毒をやりました。それはフィラリヤやマラリアを撲滅するために蚊の発生源を無くするためのものです。消毒班というのが一つの保健所に四〇名くらいいました。それを二、三〇人くらいの二つのチームに分けてトラック、バスに乗せて北部全地域を廻りました。

そのほとんどは軍からの無料の薬でした。この薬をまくおじさん達を載せて運転して、各部落に降ろすんですよ。その後迎えにいくんです。衛生課というところでそういう仕事を何年か続けました。

看護婦さんは三年間の教育を受けた後にあと二年、合計五年間の教育を受けないと保健婦、今では保健師になれないのですが、結核とか精神の病気とかフィラリヤやマラリアを撲滅するためには保健婦を増員しなければならないということで、たくさんの看護婦さんたちにそういう教育を受けさせていました。

また、当時米軍が許可するAサインバーで働くためには保健所での検査が義務づけられていて、うるさかったです。梅毒の検査とか。そして病気をうつされた人は誰からうつったのかを必ず調査されました。保健所は必ずその店に行って調査しました。私も医者を車に乗せてよくAサインバーに行きました。

当時、日政援助と言って、日本政府から結核患者への援助がありました。沖縄では治療できないものですから、各地域から何人という割り当てがあって、内地へ治療へ行くために送ったりお迎えしたりということもしました。

――それは米兵に病気がうつらないようにという政策ですよね。

（平良）　そうそう。だから、公衆衛生への考え方が日本とは違っていました。私はそういう関係の仕事でずっと運転手をしていました。

今は希望者ですが、当時は予防接種は義務でした。それはほとんど米軍の援助と日政援助でした。小児麻痺のワクチンを打つときには、離島には米軍が必ずヘリコプターを二機飛ばしていました。無償だったかもしれません。伊平屋島、伊是名島、伊江島を一日で廻りました。私も二回ほど乗りましたが、乗る前に「もし墜落しても保証はありません」という書類にサインをしました。

――名護保健所の管轄はどこまででしたか。

(平良) 恩納村まで、金武村と久志村は当時、石川保健所の管轄でした。読谷の近くに塩屋とか宇榠という部落があります。その辺りはほとんど知っています。

当時はほとんど舗装されていないのでホコリだらけで、トラックの後ろに乗せたらみんな真っ白になっていました。雨の日にタイヤを取られたとかはほとんどありませんでした。いつも日帰りです。ほとんど三時頃には引き上げました。

奥に戻ったのは今からまだ一〇年にならないです。二四歳からずっと名護でした。

――戦争中に避難していた時より戦後の方が食糧が厳しかったということですが。

(平良) 子どもの感じ方と大人とは違うかもしれませんが、戦争中に避難していた時は食いものに関する苦しみはあまりなかったですね。空襲で焼き払われた後は、牛やヤギがあちこちに逃げていますので、それをとってつぶして食べていました。当時はみつけたら誰でもとっていいと自然にそういう決まりになっていました。そういうものがご馳走のように僕らは感じました。今よりも牛肉をたくさん食べたんじゃないかなあと思うくらい、毎日牛肉でした。また、近くで牛を捕まえたと聞いて行ってみると肉がもらえましたから。お金はないですからね。

避難民は奥だけでなく、中南部からも来ていました。一番可哀想だと思ったのは勝連半島の人たちでした。強制的にやらされた人もいたと思います。奥に来ても、食い物を供給し続けることができないです。最初のうちは、奥の一戸あたり三箇から五箇ずつ芋を供出しなさいと言われてましたが、ずっとはできないですよ。耕地面積もそんなにないですから。その人たちはしばらく奥部落が造った共同避難小屋などにいましたが、そこから逃げて別のところへ行きました。ここでは食べていけないということではないでしょうかね。その後、また別のところから追い詰められた人たちがやってきました。

――子どもと大人では感じ方が違うというのは？

（平良）親たちは、いつ殺されるかという不安があったと思うのです。ところが、私たちは、どこで機銃掃射があったとか、どこの船から艦砲が飛んできたとか、爆弾が落ちたとか、そういう情報があったら避難小屋から出て高台に見に行っていましたからね（笑）。

アメリカ兵は勤め人と同じで、朝八時になると同時に辺戸岬の駐屯地からこちらに探査にくるんですね。どこに何名来たかということは部落の見張りをする人から連絡がありました。山の上の道と海岸の道しかありませんから。アメリカが帰ったという連絡があったら、子どもたちは部落へ行って、荷物をとったり塩を汲んだりしていました。恐いということはあまりなかったです。

一番苦しいなと思ったのは辺土名の収容所から帰ったあと食糧がなかったことです。ソテツも食べました。もちろん芋も。米はないです。リバック物資というのですかね、アメリカからの食糧の配給がありました。缶詰とか麦とか豆とか、後からメリケン粉もありましたが、そんなに多くはないです。着るものもありませんでした。毛布とか蚊帳とか一家に一つの配給でした。

——**戦後の方が食べ物がないし重労働だしということですよね。**

（平良）人間は食い物さえ豊かにあれば、そんなにお金が無くても暮らせると思います。食べ物だけは本当に苦しい思いをしました。というのは、戦前は五百から八百しかいなかった奥の人口が、戦後は海外とか内地などからたくさん引揚げて来て千人くらいになっていたんじゃないですかね。

——**統計では最高一千三百余人くらいになっていますね。**

（平良）そうですね。それだけの人の食料を確保するのはたいへんだったと思います。辺土名の次に奥が人口が多かったです。

昭和二五、六頃には、ようやく共同店の船（奥丸）ができて、二〇トンくらいの小さな船ですが。それが毎週一回那覇まで行きました。材木や竹などを載せて。その頃からようやく物資が豊かというほどではないですが、物があるようになってきました。というのは、那覇から積んだ物資が直接奥に来ますから。その頃は奥那覇と言われて、那覇の生活のまねしているとか言われました。その頃でしょうね。ようやく生活が落ち着いてきたのは。

あまり役にたつ話しではないかもしれませんが。

――いえいえ、とても勉強になりました。ほんとうにありがとうございました。

聞き手：島田隆久　宮城能彦　二〇一一年二月二一日　奥民具資料館にて

註

(7)戸籍上の生年月日。実際は昭和一一年早生まれ。

(16) 奥の救世主小山松美さんのこと

小山安子(妻)、小山幹太(孫)、垣花ツヤ子(8)

※小山松美(明治三六年生)は、三重県出身。農業技官として三重県庁より沖縄県に派遣され、奥の茶業発展に尽力した。奥の人々が米軍に投降する際の交渉役を引き受けた。

(小山) なにもわかりませんが、少しでも皆さんのためになるならお話したいと思います。よろしくお願いします。

(島田) 私からちょっと質問します。山から下りた日を覚えておられますか?

(小山) 山から下りた日は、八月三日です。うちの長男が生まれた日だから覚えています。前の年の昭和一九年に八月三日に那覇で生まれました。だから、この日は今でも忘れないです。

奥の山に隠れているときにちょうど八月三日の日が

きましたから、こんなめでたい日に山には居たくないと思いました。

海にスクガラスを採りに行った時にピシ（岸）の上に座っていたら、米軍の飛行機が低空でやってきたけど何もしなかったそうです。それで、これは完全に戦は済んでいるし、めでたい日なので自分たちだけでも山から下りると決め、勝手に下りることはできないから、みんなに相談したら、「それならみんなで下りよう」ということになって下りたわけです。


（島田）下りるときには、当時の区長の上原直帯（明治二七年生）さんと学校の校長先生の仲地喜行（那覇市出身）、そして小山松美さんの三人が白旗を持っておりていったわけですよね。その白旗はおばあのハンカチだと書かれていますが。


（小山）はい。何を忘れてもこういうのは忘れませんよ。大事なものですから。

その時に、

「あなたが下りていったら私たち母子だけになってしまうから止めてくれ」

と言いました。そしたら、

「アメリカ人はアングロサクソンだから……私は、英語はよくわかりませんが……アメリカ人は人の命をそう簡単には殺めないから大丈夫、もしもの時は自分が真っ先に犠牲になるから」と言って先頭に立って山を下りました。

(島田) 昨日、奥在住の仲間貞子(昭和八年生まれ)さんに、「あす小山のおばあに会って話を聞くよ」と話したら、小山さんとは山の中では隣どうしで、小山松美さんがいつも言っていたことは、「アメリカ人というのは心の広い人たちだから、日本の兵隊みたいに悪いことはしないから早く降参して山を下りた方がいい」ということだそうです。このことは私も昨日はじめて聞いて感動しました。ヤマトは神風でアメリカは鬼畜生とばかり聞かされていた頃に、小山松美さんはすでに世の中を読み切っていたということですね。

(小山) その通りです。

(島田) なんで小山さんは英語ができたのですか?

(小山) 英語と言うほどのものではないですが……

(垣花) とても向学心がある方で、英語ができるものだからアメリカ兵に信用されたんだそうです。独学らしいです。

(小山幹太) 日本の農業だけでなく、近代農業を学ぶためには当時は英語の本しかなかったために独学で学んだようです。もともと農業指導員として沖縄に来て、お茶栽培の普及で奥と縁があるわけですから。

(島田) 山から下りるときの話をもう少し。当日は大雨の後でしたよね。長男は歩きよったの、おんぶしたの。その辺りの話を聞かせてください。

（小山）　おんぶですよ。その前に宮城親栄さん（明治三二年生・茶工場責任者）のことを話しさせてくださいい。みんなで相談して山を下りることになりましたが、親栄さんの二一歳の長女のエイ姉さん（宮城エイ・大正八年生）は子どもさんがいなくてまだ一人でした。女の子が一人の場合はアメリカ兵に引っ張っていかれるというので、いままでおった山よりさらに遠いところへ隠れにいったのですよ。ところが逆に先にアメリカ兵に親栄さん一家は捕まってしまいました。着の身着のままで捕まってしまったのはたいへんだから、アメリカ兵と交渉して親栄さんを借りだして家族の食料や荷物を運ばせようとしたのです。

隊長のいる神社（奥の小高い丘にある拝所）まで行って、手真似で、親栄さんを明日の朝みんなで下山する時まで貸してくれ、責任は自分が持つから。もし約束を守らなかったら自分の首を差し上げるからとお願いしたそうです。そしたら隊長はＯＫ！ＯＫ！と言ってくれたので、捕虜になっている親栄さんを学校で見つけ、あんたを借りに来たよと言ったら、すでにそこで捕虜になっていた一〇人ほどの人がそれを聞いて、私も私もと言って先に逃げ出してしまい、学校には親栄さんとうちの主人だけが残されてしまったそうです。それでも、アメリカは人は殺さないから、安心して行こうと言って親栄さん家族を助けたそうです。

山から下りことになっていた八月三日の朝は大雨で下りることができず、時間を延期してくれと交渉しにいったそうです。英語で雨のために下りられないと説明して、それで、下りるのは夕方になりました。

私は子どもをおんぶして下りましたが、そばに通訳としてハワイ二世がいました。後から聞いたのですが、私たちは目をつけられていたようです。でも、私を心配させないようにと主人は黙っていたようです。英語が生半可にわかるとかえってよくないなあと主人は思ったそうです。

（島田）　山から下りて、浜を歩いて、ウザ浜（辺戸岬の手前の浜）というところで車に乗ったんですね。

（小山）　そうです。辺土名の兼久に放られて、私たちは宮城さんを頼って、親栄さんは家族が多いから大屋（うふや）に入って、うちらは親子三人で入るところが無いから牛小屋に入りました。そこはいい具合にコンクリー屋（コンクリート造り）でした。

（島田）　その後、奥の人たちは一〇月五日に奥に帰ったのですよね。小山のうちはその後どうなりましたか？

（小山）　うちは辺土名に六か月くらい居ました。主人はじっとしている人ではないから、ハワイ帰りの多和田さんから少し畑を貸してもらって、親子三人できれいに耕して小さな田んぼを作りました。しかし、やっと稲を植えらるようになった頃に、私の実家のある石川へ行くことになりました。石川に居る私の母親が石川の市長から私たちを呼び寄せる許可をもらい、辺土名市長へ届け出てその許可が下りたので、那覇行きの車が出ることになって、その車で親子三人一緒に石川に行ったのです。

だから、みなさんよりは比較的遅くまで辺土名にいました。

その稲を多和田さんは、「あなた方が苦労して作ったんだから」と言って、わざわざ辺土名から石川まで持ってきてくれました。当時は定期のバスが無く、「拾い車」と言って、軍の車に乗せてもらっていたのですが、食料にたいへん困っている頃でしたから、そのお米はとても助かりました。

主人は、昭和六年に奥にお茶の栽培を指導に来たそうです。その時私はまだこんな小さい頃です。沖縄で一番最初にお茶の種をまいたのは奥で、二番目は石川

の山城、そして三番目は私たちの具志川、その次が楚南、そしてまた具志川。五ヶ所くらいだったそうです。

私は子どもができる前に疎開しようと思っていたのですが、うちの母親は、「沖縄にはまだこんなにたくさん人がいるのに、あなたたちはなぜ自分だけ疎開しようとするのか。身重で疎開してはいけない」と止められました。親の言うことを聞いて、長男を出産した後に切符を買い、荷物はみんな桟橋に運んで、あと三〜四日くらいで船がでるという時に一〇・一〇空襲に遭ったのです。

普段は、赤い練習機が飛んでいたのですが、その日は赤い飛行機は飛ばなくて黒い飛行機が飛んでいたのです。これはただ事じゃないと思いました。時間も覚えています。一〇月一〇日の七時一五分に朝ご飯も食べずに家をでました。近いうちに大和に疎開するから、その日は中城の公園まで散歩に行くことになっていました。赤飯を羽釜にいっぱい炊いて持って行く予定でしたが、結局何も食べずに、空腹のまま家を出ました。

夕方になると、青年団が「身よりのある方は早めに避難してください」と呼びかけていました。私は実家が具志川ですが、夜通し歩いて着いたのは翌朝でした。

具志川の私の部落には精米器もお茶を作る機械もあったのですが、男の人が居ないから荒れ放題で使えなくなっていました。食料も無く、具志川に居てもしょうがないから、その後知花に行きました。

友軍はお米を玄米でたくさん持っていました。あの山にもこの山にも、カバーを掛けて。ところが、精米器が壊れて使えない。それで、主人が友軍からハンマーやガソリンを借りて精米器を修理して使えるようにしたのです。そのお礼にお米をたくさんもらいました。その後、そのお米を持って奥まで逃げ、奥の山の中でなんとか生きて行けたのはその時のお米があったからです。

宮城忠雄（大正九年生・屋号：東宮里）はお茶の関係で兵隊に行かなかったそうですが、彼が、牧場から逃げ出した牛を捕まえて、足を一本持って来てくれました。お米とその肉があったから食べるのに不自由なくしのげたのです。

（小山幹太）じいさん（松美さん）のことを補足しますね。元三重県庁所属の農業指導員でした。当時、土地が無い、水が無い、土地がやせている沖縄で、なんとか県外に移出できる農産物は作れないかということで注目されたのがお茶なんですね。沖縄でお茶を作って県外に売ればいわゆる「外貨」を稼ぐことができる。

三重県の県庁職員から国家公務員になり、沖縄に赴任して業績をあげれば出世ができるとうことで沖縄に来たのですが、沖縄で結婚して、戦争を経て、沖縄に定着してしまったというのが小山家の歴史なんです。

奥のむら興しのために奥の人と一緒にお茶（奥みどり）をつくったということなのです。

（小山） 今日はつたない話ですみません。多くの人たちに助けられて今日があります。ありがとうございました。

聞き手：島田隆久・宮城能彦　二〇一一年三月一二日那覇市真地公民館にて

註

(8) 小山安子：沖縄本島中部出身。戦前に小山松美と結婚。小山幹太はその孫。垣花ツヤ子（昭和一〇年生）小山夫妻は上ノ大屋に間借りしていたが、ツヤ子は上ノ大屋の子守役であり、その頃から小山家と親しかった。

(17) 武部隊として台湾へ

金城敬一郎（大正一四年一二月三日生）
屋号：石嶺（イシンミ）

（敬一郎） 私は昭和一五年小学校を卒業しました。その時ウペー（区事務所の小使い）をしました。

翌一六年の一二月に大東亜戦争が勃発しましたが、その時兄の秀一（金城秀一　明治四四年生　徳門仲沖縄県辺野喜林業事務所勤務）に連れられて辺野喜に行き、青年学校も徴兵検査も辺野喜で受けましたから、奥の行事等はあまりわかりません。

徴兵検査は大正一四年生まれから一年引上げになりましたので、私は一年先輩と一緒に徴兵検査を受け、その年の一〇月武部隊に現地入隊しました。

私がいた満州の牡丹江（ぼたんこう）からサイパンへ行く途中で沖縄に立ち寄った時にサイパンが玉砕

してしまい、そのために沖縄防衛につくことになりました。私が入隊したのは武部隊の連隊砲中隊(鍋島隊)でしたから、対戦車射撃の任務もありました。沖縄の瀬長島にいました。奥からの三人は武部隊に転入し、宜名真から六~七名の転入者がいました。皆命拾いして、無事に帰還いたしました。

しばらく沖縄の防衛にあたっていました。ところがフィリピンのレイテ島の情勢が悪くなったので、最終的な目的地はフィリピンだと思っていたのですが、とにかく昭和二〇年沖縄から出発して一週間程で台湾の基隆に着きました。その間、情勢が悪いということで、出航しても何度も引き返しました。七千トン級の相模川(さがみがわ)という貨物船ですが軍に徴用され、船室が何段にも分けられ、座っても頭がつくくらいの高さしかなく、又横のスペースもなく、座って寝て夜を明かしました。

私たち初年兵がデッキに上がることはありませんでしたが、土のうを積んで対空射撃の機関銃もそろっていました。船のほとんどは渡嘉敷島と座間味島の間に待機していました。一週間目に基隆に着いて、船から弾薬を降ろした翌日に空襲を受けました。デッキの上に焼夷弾を落とされたと聞きましたが、航海には問題はありませんでした。

台湾は地上戦はありませんでしたが、B29による毎日のような空襲はありました。そして昭和二〇年八月に終戦になりましたが、いつ復員できるか見通しがついていませんでした。兵器から食糧まで全部中国軍に接収されました。それで自活しなければならず、皆、山に入って開墾していました。私は治安維持のための台北の松山飛行場に補助憲兵として派遣されていました。

翌、昭和二一年四月二九日に基隆港で引上げ船に乗ることができましたが、その時はまだ米軍の占領規則が激しく、沖縄に入国する事は出来ませんでした。しかし、本土の方々は次々に引き上げていきました。

私が船に乗ったのは沖縄行きの最後の引上げ船でしたが米軍の駐留する沖縄本島へは行かず、宮古、八重山、奄美大島等行きでした。ところが、宮古へ行く途中の船内で天然痘が発生してしまい、宮古と伊良部島の間で一週間程碇泊していましたが、病気は治らず、それで浦賀港に行くことになりました。そこには中国とか南方とかからの伝染病患者がいる引き揚げ船が碇泊していたのです。その時のことを思い出すと辛いで

す。水も海水も使えない状況の伝染病船でした。タンク（水）船が来ると、ホースの水で手足や顔を洗いました。

浦賀から同じ船で奄美大島に行き、そこではじめてたっぷり水を使い、名瀬の芋も食べました。戦争には負けましたが、その時はじめて日本のありがたさを感じました。亡くなった人々には申し訳ないと思いますが、今こうして生きている事に対し感謝しております。

奄美に着いたら、向うの軍部と沖縄の司令部が連絡しあい、沖縄本島中部の久場崎に行くことになりました。金十丸（かなとまる）という十島村を航海している船に沖縄の人が乗り込んで久場崎に着きました。久場崎のインヌミー（インヌミーヤールイ）の幕舎で二晩泊まったと思います。その後、米軍の大型トラックで多くの国頭村の帰還者とともに宜名真まで送ってもらいました。

奥に帰ってきたのは六月二二日で、帰ってきても奥では山仕事、林業しかありませんでした。私は兄秀一の県庁時代の知り合いの方が本部半島の谷茶で工場長をやっているというのでそこに行きました。米軍のＰＴ25という部隊が設立した会社です（その後の琉球造船株式会社です）。本部の谷茶には大きなコンセットの建物が三つか四つあり、中には機械が備えられた工場および倉庫でした。そこには造船所もあり水産業関係にも力を入れていたのではないかと思いました。また倉庫内には機械関係や製氷所もありました。あの頃は糸満にも製氷所はなく本部だけでした。そこに奥から三人（宮城迅、金城敬一郎、新城健）入ることができました。

戦後奥にいたのは六月から二か月くらいで、そのあとずっとその会社で八年間程お世話になりました。なので、私は青年時代も戦後も奥での生活はあまりないのです。戦の経験といっても台湾での経験しかないので、今日はむしろみなさんのお話を聞きに来たつもりでした。

今日は島田さんに呼んでもらって本当にありがとうございました。

（島田、宮城） 貴重なお話ありがとうございました。

聞き手：島田隆久：宮城能彦　二〇一一年三月一二日那覇市真地公民館にて

(18) 護郷隊(切込み隊)から奥への帰還

糸満盛昭(昭和三年一一月一六日生)
屋号：糸満小(イスマングワー)

(盛昭) 私が入隊したのは防衛隊ではなくて護郷隊です。三月に奥から役所に一二時にみんな集まって、役所から恩納岳までぶっ通しであるいていきました。訓練という訓練もせずに、恩納岳まで食料も運びながら行きました。いろいろ難儀もしました。

護郷隊というのは敵への切り込み隊です。敵の陣地に爆弾を持っていて爆発させるのが役割。そういう訓練をしました。成功したことはなかったんですけどね。恩納から石川、金武あたりです。

とうとう勝ち目はないなと思ったのは、恩納岳は全部敵のアメリカに包囲されていることがわかったからですね。逃げようにも逃げようがなかったんです。そ

れで、僕らの一中隊は、その夜、こっそり抜け出して、東村の有銘まで逃げました。そこで部隊長が解散命令をだしました。それぞれの自分の出身地の集落に帰るためにグループに分かれて国頭村を目指しました。その前に斥候（敵軍の動向や地形を密かに探る兵士）を出して敵の陣地を調べさせました。そこを通って逃げられるかということを。

有銘から、大保に来たときに、田んぼがあって暗渠がありました。そこから、塩屋湾に出て、夜潮が引いたときに渡ろうとしたら、敵に発見されてしまって照明弾を打たれ、機関銃でパラパラやられました。それでみんなバラバラになりました。僕と比嘉久雄（昭和四年生）、宮城長栄（昭和三年生）の三人。僕はちょうど敵がいなくなったのでそのまま泳いで渡りました。裸でした。着物は頭の上にのせていたのですが、敵に発見されたから全部捨てて泳いで行きました。

岸に上がっていったら、塩屋の屋古辺りでした。海原まで行ったら、そこで赤ちゃんが泣く声がしました。夜ですよ。そこに行ったら、おばあちゃんとおかあさんと赤ちゃんがいました。

「食べ物ありませんか？」と聞くと、「ここは毎日アメリカが来るから」と言って缶詰をくれました。

塩屋を渡ったのは私たち三人だけで、ほかは引き返したようでした。田嘉里だったかな？

そこで食料を探していたら、奥の人に会いました。それでこれからはずっと一緒に佐手まで行きました。そこで中真浩（昭和四年生）と上原秀昭（昭和四年生）に斥候をさせたんですよ。朝起きたら煙が見えるものだから、そこに行かせてみたらアメリカがいるわけですよ。びっくりしました。それで川縁で一晩すごしました。その夜は大雨で体の半分は水につかっていたのですが、疲れていて気が付きませんでした。

アメリカを突破することはできないので、伊地の方に引き返しました。伊地の避難小屋にいる時に、伊地出身の人に「自分はこういうことで護郷隊に入り、ここまで逃げてきた。伊地出身の人にも知っている人がいる。」と話すと、おばさんが「奥の方は辺土名にいる」と教えてくれて連絡をとってくれました。それで翌日奥の人たちがいる辺土名へ向かいました。途中アメリカに会うことはありませんでした。とても恐くて避難民の格好をしていました。それでなんとか辺土名にたどりついたのです。

その時はまだ山原から来ていなかったので、辺土名の上原信夫君のうちで世話になりました。たいしたケガもなくなんとか辺土名までたどり着きました。今思うとたいへんなことですが、当時は何も恐くなかったです。怖さはわからなかった。当時はそういう教育を受けたからです。当時は骨と皮に痩せていましたが命拾いしました。なくなった方には申し訳ないですが、与那城定秀さん（大正三年生・与那城ヤスさんの夫）、その方は先に帰ったんですよね。喜瀬武原で米軍を監視していたんですが、その時に米兵に見つかって殺されたんです。

辺土名で奥の人たちと合流しましたが、うちの家族はまだ辺土名に来てなかったです。だから直帯さんの家族や奥の人たちと一緒に奥に戻りました。栄門（イージョー）とうちとじゃないかなチヌフクに最後までいたのは。うちのおじいさんとおばあさん、そして母のおかあさんと三名は、おじいさんがつくった二軒半ほどのハルヤーにいました。芋をつくっていたから、食べ物には不自由なかったそうです。私の両親はまだ若いから避難していました。

（島田）　よけいな笑い話ですが、そのおじいちゃんはちょっとおもしろい人で、ライターのことを「てぃーぬさちからぴーぬでたん」（手の先から火が出た）と言って

有名なひとでした。

（盛昭）　はい、共同店をやっていたのはうちのおじいさんですね。糸満盛護（もりしゅう）（明治一〇年生・屋号：糸満小）といいます。

――奥に戻られてからはどうなされていたのですか？

（盛昭）　最初農業をしようと思っていたのですが、宮城親栄（明治三二年生・屋号：六ツ又仲）さんが売店主任でしたから、頼まれて共同店で勤めていました。その後、山口県に養鶏関係で研修に行って帰ってきたら、郵便局で働いてくれと頼まれて郵便局員になり三〇年くらい勤めました。退職後はぼちぼち農業や盆栽などやっています。

――護郷隊に奥から一緒に行った人はどなたでしょうか？

（盛昭）　僕と、宮城長栄、比嘉久雄、中真浩、上原秀昭、平良保二、等だったと思います。なお、上原信夫は一年前に行っております。

（島田・宮城）　今日はほんとうにありがとうございました。

聞き手：島田隆久：宮城能彦　二〇一一年三月一二日那覇市真地公民館にて

(19) 郵便局員から警防団へ—運搬中にアメリカ兵と遭遇

比嘉久隆（昭和四年七月二〇日生）

屋号：久隆屋（キュータカヤー）

（島田）久隆さん、いくさ世の時、特に警防団関係の話をわかるだけでもお願いします。

（久隆）みんながやっている話と同じでもいいですか。

私は、郵便局にいたから、警防団に入るのは比較的遅く、郵便局が解散してあとからしか警防団にはいっていません。まだ山に移る前です。

一番記憶にあるのは一〇・一〇空襲です。その時はまだ郵便局に居りました。米軍が上陸する前まで、日本軍の球部隊が辺戸上原のフンバムイ[9]一帯に駐屯していたので、その部隊に奥郵便局から伝達するのが私の役割でした。

奥は機銃掃射されましたが、もしその時アメリカの

飛行機に見つかっていたらたいへんなことになっていたなあと思います。診療所の屋根に二～三人立っていて、その情報を郵便局から球部隊の防空壕まで行って伝達するのですが、その時アメリカの飛行機に見られていたらたいへんだったなあと。あれだけは本当に不思議だったなあと思います。後から考えて「こんなこともあるんだなあ」と。

僕らはまだ小さかったからよかったんだけど。一七、八だったから。今から考えるとぞっとしますね。奥部落の学校生徒は避難訓練しているから見つからなかったんですね。川伝いに上流の方に避難しているから機銃掃射されなかった。学校の先生の対応がよかったんでしょうね。

（島田）病院の屋根の上で見張りをしていたというのは初耳です。戦争がひどくなって警防団本部がヒクリンに移ってからの話を聞かせてもらえますか？

（久隆）嘉手納に米軍が上陸したという情報が入って、翌日には宜名真にまで来てました。僕らは宜名真部落の上まで行ったら、ゴジラ岩の所までアメリカの車が来ていました。こんなに早いかなと思ってがっかりしました。二日目には辺戸岬まできてますからね。

警防団にいるときに、アメリカーと出くわしたことがあります。木炭を積んだリアカーを引いている時に。カーブの所で出会い頭ですから逃げることもできなくて、こちらは四人、アメリカーは二人、向こうは拳銃だけを持っていました。

普段なら警防団が見張りをしていますから、山にアメリカーが来ていることがわかるのですが、その時は私たちは山に入っていてわかりませんでした。あれたちも山から下りてきたようでした。

もしあのときアメリカーがその気になっていたらやられていたでしょうね。幸い何もなくてすみました。

――毎日詰めていたのは警防団本部の方ですか？

（久隆）はい。部落の警防団本部。

（島田）最初の警防団本部は、上新屋小（奥一三番地）ですか？

（久隆）はい。その時は私はまだ郵便局員でした。山の方に逃げた後に、アメリカーが学校に駐屯して、その時に元の警防団本部に積んであった米を取りに行ったことがあります。音をたてないように気をつけて。学校だからだいぶ離れていて大丈夫でしたが。米は表面は雨に濡れてましたが中の方は大丈夫でした。

（島田）戦さにまけて、ナナチグス（ヒクリン山）から子どもたちや道具を担いで山から下りていったわけですね。

（久隆）小山さんたちが交渉して投降することになったので、ナナチグスを下りる前に警防団は解散しました。

（島田）一七、八の時にたいへんな経験をしましたね、先輩。

（久隆）教育されていますからね。戦から帰って来たばかりの人や兵隊たちは逃げることだけを考えていました。一部は「自分たちは逃げるから」と言っていました。山の中に入っていった人たちもいましたが、ナナチグスまでアメリカーが迎えに来ていて、大丈夫とわかってから、それから山から下りた人もいると思います。

（島田）その後は？

（久隆）辺土名兼久では配給倉庫の係でした。役場跡が倉庫でした。

倉庫には米も少しありましたから、人よりは米がありました。昼には鰯の缶詰をおかずにしていました。食べるものはいくらでも食べてよかったですから。

（島田）ＤＤＴとメリケン粉を間違えて死にそうになったとか（笑）

（久隆）それはなかったけど（笑）。砂糖は夏だから砂糖水

を作って飲みました。白砂糖です。

(島田) 倉庫からクワッチー（ご馳走）が盗まれたということはなかったですか？

(久隆) それはなかったです。

――倉庫で勤めていたのはどれくらいですか？

(久隆) 八月から、奥の人が帰った後も残って続けていました。奥に帰ったのは一二月かな、一一月だったかな。

(島田) 奥の人たちは一〇月の五日に帰りましたからね。奥に。

(久隆) その時、中井というアメリカ二世がいました。その人が辺土名から宜名真までにある電柱の碍子を鉄砲で撃って壊す仕事をしており、私も誘われたのですが、それは断りました。その人は宜名真の人を奥さんにして長いこと辺土名にいました。

――学校を卒業した後は何をしていたのですか？

(久隆) 家の手伝いをしていたのですが、私は伊江島も五回行きましたよ。四回は徴用だったけど、一回は奉仕隊でした。

伊江島の一日が長いことね。あの時の。

奥では太陽は山から登って山に落ちるけど、伊江島は海から上がって海に落ちるから、その分、一日が長いのですよ。本島に長かったなあ伊江島の一日は。

——それは仕事がきつかったからでもありますか？

（久隆）いや。若かったから仕事はそんなにきつくはなかった。僕は港の近くにある伊江島の製糖工場が宿泊所だったから、そこから飛行場建設現場まで四キロ以上あったから、行き帰りはたいへんでしたね。

作業は飛行場づくりでしたが、手作業で、機械はローラーだけでしたかね。戦後、倉庫で働いているときに嘉手納の飛行場に行きましたが、「おまえたちは人手だけでこれを造ったのか」と米兵に笑われましたよ（笑）。人と馬と鍬だけでつくったんですからね。はははは。

（島田・宮城）今日はどうもありがとうございました。

聞き手：島田隆久：宮城能彦　二〇一一年三月一二日那覇市真地公民館にて

註

⑼フンバム：国道五八号線と辺戸岬行道路の交差点辺り。戦前戦中は日本軍球部隊の監視所。戦後は米軍の電波探知機、駐屯地があった。

(20) ジャワ島へキニーネ（マラリア特効薬）栽培の調査へ

金城秀仁（大正四年六月一九日生）
屋号：上根（ウンニー）

金城秀人さんは、大正四年、国頭村奥生まれ、昭和六年に沖縄県立農林学校に入学、昭和九年二月に同校を卒業した後、昭和一一年一月一〇日に福岡歩兵第二四連隊に入営、同年四月に満州派遣軍として満州に駐屯、昭和一五年二月に福岡の原隊に戻り除隊になった。その後、昭和一五年五月六日に台湾星規那産業株式会社に入社、同年七月一日台湾孝雄州旗山郡甲仙農場勤務、昭和一七年九月二三日より、台湾とジャワ各地でキナ（南アメリカ原産のアカネ科の薬用樹木。マラリアの特効薬として第二次世界大戦頃までは極めて重要であったキニーネの原料）の栽培状況を調査。各地の農園主任などを経て昭和二二年にジャワから国頭村奥に帰郷した。

戦後は、琉球農林省農業改良局研究科、琉球臨時中央政府資源局農政課、琉球政府農業改良課長、経済局総務課長、琉球コーリー所長、株式会社國場組取締役、國和会専務理事などを歴任した。平成二二年永眠。

（能彦）　金城さんは、奥で生まれて、幾つまでいらしたんですか。

（金城）僕はね、一八、一七、あ、学校から出てから、そうだな、多分一五、一六ぐらいかな。後、沖縄から出る一九歳ぐらいかな。一八歳かな。

（盛健）奥で先生したのは何ヶ年……。

（金城）あれはずっと後さ。はっはっはっ。

（力人）先生で戻った……

（金城）いやいや、先生というのではない。僕らの頃は「先生といわれる程馬鹿じゃない」という川柳が流行った頃でしょ。先生より仕事がなかった時代だのに。三年間やりましたよ。先生を。

（能彦）先生をやったのはおいくつの時ですか？

（金城）三二、三歳だったはずよ。確か。

（力人）子供、三名とも奥で生まれたのですか。

（金城）ぼくら。うん。次男までおって、三男はなかった。

次男がまだ家の前をちょろちょろちょろして、歩く頃だった。もうあちこち回ってね、僕は台湾に行ったから、一八かぐらいかな。兵隊検査のためにまた沖縄に帰ってきて、兵隊に行って、歩兵二四連隊に入って、四ヶ月間おって、また訓練されて、それから満州行って、四年間おった。

それから帰ってきて台湾に行って、そうだな、一年間、今度はジャワ行って、終戦はジャワだ。兵隊じゃないよ。僕は製薬会社に勤めておった。マラリアの薬に苦い薬があるんですよ。キニーネという。キニーネ。あれはキナという木から取るんですよね、キナ。取るんだが、我々は戦争するためには、どうしてもキニーネが無いと困るわけですよ、戦争はね。だからそれを取るために。世界の九二%がジャワで、今のインドネシアかね、ジャワで生産されとるから。そこを占領せんといかんから。我々はだから、その前は台湾でその木を栽培していましたよ。キナいう木をね。で、それを栽培して、それから遠心分離器にかけたり、そうしてからそのキニーネにするわけだから。

昭和一七年、シンガポール陥落した時に僕らは東京に待機しておって、その後シンガポールに行って、そこに二、三ヶ月おって、ジャワ占領した後すぐジャワに行って、それでジャワで、オランダ人が占領してやっておる農園を僕らが戦争で奪い取って、経営しておったわけさ。そうすると今度は、四年後また、日本が負けて今度はまた、彼らにやられて、また、命からがら帰ってきた訳だ。はっはっはっ。

(能彦) **終戦はどちらで。**

(金城) 終戦はジャワです。インドネシアの。日本兵は終戦後、港の中のその倉庫の中で、御座引いて、そこで寝転んでた。イギリス軍やオランダ軍は船の中にいっぱい缶詰をもっておった。俺らはもう腹ペコペコだったけど、日本の兵隊の、味噌の腐った物とかは食べられないわけ、だけど、倉庫に行けばいっぱい缶詰なんかあるんだ。みんなよく考えていて、缶詰を開けるもの（缶切り）も取ったりしてね。五、六人で交代して中に入るんだよ。正面では分かるけど、陰に入ったら分からん訳でしょ。倉庫で食べるだけ食べてから持ってきて交代して……色々やれた。

あの頃ね、イギリスとオランダの軍隊がおったが、インドの兵隊もおった。英国の植民地だったからね当時は、だから向こうの兵隊がおった。イギリス兵隊の他にインド兵がね。缶詰なんかを運んでると、彼らに見つかっても、缶詰を分け与えるとだまってくれるんだよ。だからありがたかったなインドの人はね。

インドの人はね、大きなポーポーみたいなモノ食べるんだよね。（ナンのことだと思われる・宮城注）。それを私らに分けてくれるんだよね。色々、インド人には非常に僕らはお世話になった。それから、帰りはね、作業してから夕方五時六時頃帰ってくるね。大きな、なんというかな。着るものじゃなくて、オーバーみたいなものに、缶詰をこうしていっぱい入れて帰るんだな。はっはっはっは

そうそう……ひっくり返して。そうして、兵隊が立っていると困るから、インドの兵隊だったらいいけど、イギリスの正規軍だと困るからさ、うまく誘導していって、いっぱい

持って帰ってたよ。

（能彦）戦争が終わってすぐ帰れたのですか。

（金城）いや、帰らん帰らん。

（能彦）何年ぐらい。

（金城）うん。その後、日本軍の飛行場に行った。あのね、日本軍の飛行場といっても、日本という国は戦争に負けたけど、日本は実は向こう（ジャワ島）では負けてないんだよね。でも、国は負けとるもんだから。飛行機も全部あるわけさ、向こうね。

ところが、インドネシアの方は飛行機も何も持ってないんだ、あの連中は。ほんで、インドネシアで暴動おこって、インドネシアの中でもさ、ジャワ島の中部とか南部とかで放り出された日本人の飛行隊を、その飛行隊を使って彼らは、どんどんあちこち行ったわけさ。僕らも時々これに乗って行ったりしたんだけどね。

で、僕らも飛行場の草刈りや掃除をする為に三〇人ぐらいで行ったらね、日本の兵隊はさ、戦争に勝っている時と同じ生活しているわけさ。ご馳走もいっぱいあって、まあどうだ、いっぱい材料もあるから。そこに僕らも中に入って、缶詰から何から本当に贅沢な生活だ。日本人がおる時は。わしらも日本人と同士だからね。

やっぱり日本でもそうだが、外国でもそうだはずだ。兵隊は陸軍は数も多いし、食べる物も非常にまずいもん食べて、月給も安いしね。その点、海軍はいいですわな。海軍は船に乗って、三ヶ月、六ヶ月間世界漫遊するから。カーギも少し見るだろうし。それから、いろんな病気されんように、いろんな野菜類なんか缶詰とかを待ってるからね。一番は航空兵、まあ月給は高いさ。航空兵は。だから航空隊の所に行けばもう…。日本の場合もそうだが、高いよ。だから、三ヶ月から六ヶ月ぐらい向こうにおったかな。その時は良かった。毎日ご馳走食べて。

それから、真っ直ぐ帰らんから、また一年ぐらいしてから、シンガポールに来て、そこにジュロン島という所があるよ。シンガポールに。そこにいて、そこに生活しておったんだが、ヤナ家借りてから。帰るまでまだ少しはかかったからな。

僕はタバコをやらなかったから全然困らなかったけど、タバコ飲む人はえらいかわいそだったね。もう、キチガイみたいだった。あなた、彼らは兵隊が捨てたものを奪い合って取ってね。それもない時はパパイヤの葉っぱの枯れたものを、これを紙でこう…。タバコを飲む人は大変だった。キチガイみたいになりよる。そこで四ヶ月ぐらいおったかな。

それから、銀飯ぐらい食べてから死にたいと思ったから、帰国した。和歌山に上陸して。DDTかけられた後は、大和の人は今日来たら今日の内にすぐ家に帰るでしょ。でも、沖縄の人は帰る所無いでしょ。帰るとこ無いもんだからさ、もう段々段々多くなって来るわけ。沖縄の人が。もう、一〇名、二〇名、一〇〇名、一〇〇〇名よ。段々もう、多くなってくるわけ。帰るところ無いんだから。ははは。それで、もう、飛行場の跡を開墾してから農業やろうと言う事で僕らはやっていたわけよ。そこら辺からやってきたわけよ。沖縄の人、集まっていっぱい居るのに、行くところ無いから。

それでも、二日三日後に大阪行ったよ。大阪で八ヶ月間、電信柱を全部ちょん切ったりして薪をつくった。みんな料理に使ったりしたでしょ。朝四時頃から起きて、五、六時位のまで、売ってまた帰りよったよ。それから、それから何とか一年半かからん、沖縄に帰ってきたかな。

（能彦）　沖縄は、どこの港に。

（金城）　那覇に来てね。

うん。那覇に来たらね、おお、そこの人は色が黒くてね、その、インドネシアとかああいう土人の顔をしたのが、いっぱいおるんですよ。これはどこの人かと。いっぱい居るのは。不思議な、これ全部南方の土人が来たのかと思ったら、沖縄の人なんだよ。色も黒いし、カーギも悪いしみんな。南方の土人が来たと思ったら、なんちったら沖縄の人なの、みんな。

それからまた、中城のある……

（能彦）　インヌミ？

（金城）　うん、あそこでまた、みんなまた、ＤＤＴかけられて。それで、自分の行くところある人みんな帰るわけさ。奥の人、僕は国頭だから、すぐ帰れんからさ、一泊泊まってから名護、明くる日また奥に行った訳だ。……辺戸とか何とかいう。

（そのこ）　歩いて帰ったのですか。

（金城）　あんな遠いところ……トラックさ。トラック。アメリカのトラックよ。あの時はみんな、トラックの運転手は金持ちでしょ、みんな。

（盛健）　今度は、秀仁さんがいつも話す、国頭村奥の共同店の奨学金制度、奨学金があったから学校へ行けたんだという話を少し聞かせてもらえれば……。

（金城）　学校、奥の共同店の学事奨励の。そうね、これは本当にねえ、まあ、沖縄にもどこでも、そういう風な考えを持った所無いだろうし、県でも無かったですよ。

これは貸し付けるものもあったし、ただやるものもあったし、僕らはね、一〇円かな。まず学校に入ったら月五円、月五円はくれた。その当時の学費はね、大体一五円ぐらいかな……、一五円。親父から一五円送ってもらえばさ、その内の二円を、授業料、何ていうかな、授業料をさ、学校の、二円を払って、あとまた今度は下宿料が八円、八円だった。あと二、三円、これは自分の鉛筆や、帳面や、あん餅を買ったり、それに使って一四、五円だ。その時に五円を共同店からもらっていたら大きいですよ。しかもあんた、那覇から遠く、陸の孤島と言われたところですね。そこから那覇まで行って学校を出るというのは、これはもう、大変ですよ、昔は。私たちはね、奥からあそこまで歩いてきよったんですよ。塩屋まで。塩屋まで歩いて。何も無いんだわ。車も何も。奥の坂道登ってさ、部落の直角に登ってって、それからまた稜線を行って、宜名真にこう降りて、それからまたずっと行ってまた、ほら、また山登って、トンネルあるでしょ、トンネルの方の上から行って、下にも降りて、あれからまた、丘に道があった、宇嘉からこう行って、それで与那の、チョロチョロ水が出る所があったよ、あそこで弁当と。それから、夕方になると塩屋に着きよった。塩屋に着いてね、学校のそばでこう立ってったら、サバニ場に乗って、五銭かな、四銭かな、五銭で乗って、向こうの白浜。

あの辺りトノピヤーと行ったんだ。今白浜。それで、定期便というのは無いから。その時分、乗用車にのったり、押し込めて、上は三名、四名なのに押し込めて五、六名のせて、荷物。そこで、ゲンキチそば屋というそば屋があって、そこでそば食べて、もう、船が来なければ、もう泊まらんといかんわけだから、で、遅く九時、一〇時頃来たら、それ乗って名護まで行って、名護で泊まって、明くる日僕らは那覇でまた一晩泊まったの。そこから僕は、逆に汽車乗って嘉手納までよ。一時間一四分、一時間一四分。それで行きよった。あの頃は本当に。

（盛健）　あ、塩屋まで歩きよったんですか。

（金城）　……塩屋まで……。

（そのこ）　一日で塩屋まで……?。

（金城）　三銭だったかな、四銭だったかな、三銭だと……。

（そのこ）　そうだね、車でも二〇分だからね、あの、塩屋を渡る、通ったら。

（金城）　くり船よ……。

（盛健）　与那で、昼飯?

（金城）　昼飯は弁当持ってあそこ、あの、与那の下のちょろちょろ水のところ、それから、山登って、トンネルとかないんだから。山登って、ずっと行って、また今度は比地に着きよった。比地から辺土名まで。

戦後もだよ。戦後も僕は辺土名まで往復。僕が学校の時に。奥から朝早く出て、一時頃の会議に出て、二時間三時間位で会議が終わったら、またその足でずっと僕は奥に帰りよったよ。往復。辺土名往復、歩いてよ。しょっちゅうこれやってたよ。そうしてまた宜名真の下登って、そうしらもう後ろから夕日が……。

（力人）　宜名真から上がったから……

（金城）　登って。宜名真。学校があった。山の中腹にな。幽霊が出そうなところあったでしょう、あそこからこう越えて……。辺土名往復しよったよ僕はいつも。

（盛健）今だったら考えられないですね。

（金城）考えられない。

（力人）だけどこの、奨学制度の話しの中で、非常に不思議なのはね、五郎（弟）さんが、あんな時代に中央大学に行けるというのが全く考えられないんだけど、どういう事なんですかね、これは。

（金城）中央大学は一〇円。（奨学金の額は）大学は一〇円。中学は五円。だから僕は五円まででしょ。弟がおるわ。あれ三中だからさ。そして僕らは卒業して、彼はまた今度は中央大学行ったから一〇円あるわけさ。資金はね、二〇円位あったはずよ。中学は一〇円なる。入学資金一〇円。その他に、自分で借りる方法あったわけさ、別にあった。これは卒業してから返せばいい。

親吉屋の金城肇も三中。ハブにかまれて足がなく、沖縄でできないから大阪で義足を作って、ずっと義足をやっていた。

（力人）この人が金城邦和さんのお父さんに当たる人ですよね。

（金城）うん、お父さん。親吉と言ってね。奥の共同店の主任。それで、なんかな、交通不便だからね、山にも行かんといかんから。急性盲腸かかってそれで死んだ。盲腸かかれば終りだ、もう、あの頃は、もう。

（能彦）学校は奥の小学校を出て、農林学校、その時は最初は嘉手納……。

（金城）ええ、そう。最初から嘉手納、嘉手納。始めはね、うちらの頃の農業学校名護にあったんですよ。名護に三期、四期ぐらいまでね。それから嘉手納に越したわけ。嘉手納には二中があったわけですよ。二中が嘉手納に。それで二中と農林はしょっちゅう喧嘩したもんだから、後は二中は那覇に行って農林はそこに残った。

（能彦）農林の授業料が五円。

（金城）二円、授業料は二円七〇銭。

（能彦）二円というのは年間？

（金城）一ヶ月。一ヶ月二円七〇銭。下宿寮は寄宿舎があり七円であった。一年生は必ず入る義務があった。二年から、もう外部に出ていいんで、僕らすぐ二年から下宿して……。

（能彦）ああ、これは賄いつきで、ご飯ついて？

（金城）そうそう。

（能彦）ああ、共同店から月五円あった。

（金城）共同店がね。

（能彦）これは、奨学金で。返さなくていいもの？

（金城）そうそう。返さんでいいもので。勉強すれば行く能力はあるけれども、行けない人間たくさんおったさ。あの時はね、やっぱり金がないからね、山原ではね。だからそういう人なんかにはまた、五円でも足りない人はまた、別に借りられたわけさ。それは出来たわけさ。別個でね。入学金としては一〇円だったんじゃなかったかな。その他に入るときに。

（能彦）これも返さないでいい？

（金城）これも返さんでいい。

（能彦）じゃあ、奨学資金と入学金と、あと、別に借りられるものがあったんですね。

（金城）借りる分。それは借りるのは別。借りるものは利息は付いたんじゃないかな。

（能彦）これは全員にあったんですか。

（金城）全員に。いや、借りたくない人はいたよ。あの頃はあんた、山原で農業して、山行って材木を出して、これで自分の家族の生活しながら、昔の学校に出す余裕ないですよ。（進学した人は）奥なんかは多いよ、金があるからね。国頭の部落の人は多かったですわな。

（能彦）じゃあ、これがあるから進学出来たわけですね。

（金城）ああ、そうですね、そうですね。大体ね。

（能彦）戦後は、貸付だけですよね。

（金城）　一回きりやったかな、あったかも分からんね。

（能彦）　それで奥は、色々人材がたくさん。優秀な人がたくさん出たんですね。

（金城）　あのね、やはり、昔は、奥はずっと、後ずっと後から学校ができて。初めは辺土の小学校の奥分校で一年、二年生は奥で、後は辺土名に通ったんじゃないか。高等学校というのはみんな辺土名に行きよった。

そういうふうにね、自分の部落だけで集まって勉強すれば、みんな怠けて勉強しない。同じ人間ばかりだから。ところがやっぱり、他所の部落と一緒になればね、これは勉強しますよ。だから、辺土名の学校に行ったのが、きゅうあんタンメー（宮城久安）とかね、シンエイさん（宮城親栄）ね。チカコのお父さんとかね。それからたくさんおった。あの頃の人たちはね、みな優秀ですよ。みんな競争だった。他所の人と厳しい競争するからね。

（盛健）　辺土名というと、行く場合には、あれだけの道のり歩いて行くんでしょうけども。

（金城）　あれは、もう、泊きり。

（能彦）　高等科行く人は辺土名で下宿。

（金城）　そうそう。いいえ、昔ですよ。これはもう、ずっと昔。もう、今生きとれば一〇〇歳ぐらいの人の時代ですよ。

それから辺戸名の小学校で、奥分校。しばらくしたら、今度、奥の小学校独立したからね。

（盛健）うちの糸満盛正おじいも嘉手納農林ですかね？

（金城）あれは嘉手納農林学校。先輩だ。嘉手納で一番早いのは、明治四五年「新門」の上原直勝さん。次が大正二年に糸満盛正おじい。

（力人）戦後の青年学校の話は。

（盛健）帰ってきて、戦後、何かこう、青年学校みたいなものがあった……。

（金城）あれは実業高等学校で。実業高等学校というやつは一年だけ。

（能彦）奥にですか？

（金城）いいや。これは沖縄全体。だから、これは戦争負けてきて、やっぱり何として、とにかく何とかして、自分の地域に産業根ざした所の教育をしなきゃいかんという風な考え方だったと思うんですがね。実業高等学校として、国頭村、村で一校。だから、国頭村で一つ、好調に新里全福先生、教頭に安田の宮城定蔵先生がいた。新里全福先生はのちに村長。それから、奥には分校が設置され、僕がいた。

（盛健）ああ、あの。奥にあったやつは分校ですか。

（金城）分校。辺土名に本校があり、奥、宜名真、安田、辺野喜など各初等学校に実業高等学校の分校があった。それで、私と家内の姉の上原和が分校の教員をしていた。宜名真分校には、家内の長女姉山入端敏がいた。

辺土名には本校があるわけ。

(盛健) ああ。で、あれば、分校から本校に、一緒にまた研修なんかで。

(金城) 言うとおり、あそこのとこ一一時に出て、夜帰りよった。行ったり来たり。……日帰りであの、大体お昼を中心として、向こう出て……帰りよって。奥に来るのはやっぱり日が暮れる。

(能彦) これは小学校を卒業した人が行くのですか。

(金城) 実業高等学校だから、そうね。昔の初等学校八年を卒業してから一年間。ただし、学制改革で実業高等学校は一年で終わり。奥初等学校、奥中等学校が併置校として設置された。中等学校の一期生が昭和八年生の宮城悦生、宮城啓など。

(能彦) 一九四八年からですか。中学校できたのは。

(金城) そう、僕あそこに(教員で)三年おったからさ、二ヶ年。それでまた今度は新里全福さんが村長になってた。いろんな陳情に県の方に行っても知ってる人誰もいないし。大宜見あたりは、なんというかな、大工さんとかいっぱいおってね。県庁にどんどん人を輩出しとるんだよ、課長も友達とか。だけど奥は誰もいないわけ、奥って頼れる人が誰もいないもんだから、それで、やはり頼れる人が県にいた方がいい、君は那覇に出て活躍した方がいいという勧めもあって、教員を辞めて那覇にでた。僕は奥で学校を創ったばかりなので、そういうことはできないと断ったが、心配するなと言われ、後ろ髪ひかれる思いで那覇に出た。

例えば、交通局長の庭に行って草むしってやったり、おべっかつかったり、いろいろやった。それでとにかく何とかしてもう、那覇にでていくために。当時、国頭出身者で県にいたのは、悦生さんのお父さんの宮城親也さんと宜名真の宇良宗四郎さんと僕の三名。

(能彦) 那覇に行かれて何をなされました。

(金城) 教員三年して那覇に出たから、ずっと僕は、那覇に来ても昔は琉球政府になる前では、これは琉球農林省というのがあったんです。琉球農林省、大げさな名前だな、琉球農林省というのがあって、そうそう、向こうのあそこは……。

(盛健) 崇元寺にあった。

(金城) 崇元寺の上にあった。そこでは……総裁は平良辰雄。琉球農林省の総裁、そしてまた農政局というのと、農林局の人で農業改良局というのは、東大出てきた大島という人だったかその人は、それから、農業改良局長は、後から総裁になった船越さん、これが一年したらすぐまた、琉球臨時中央政府というのに変わってしまった。琉球臨時中央政府というのは総裁は、誰か、手の切れた……。

(盛健) 比嘉秀平(ひがしゅうへい)。

（金城）比嘉秀平、それ、琉球臨時中央政府というのを一年やっていた。三ヶ月なるかね、それから琉球政府になったわけさ、琉球政府になって、今のこの県庁のこっちに来て。琉球政府にきてやったら、比嘉秀平さんの前では、それと、……これから経済局の発展、西銘順治（にしめ じゅんじ）の前に、あと忘れていた人がおるさ、琉銀の総裁、頭取だったな、豊見城の。

（盛健）久手堅……。

（金城）あの人が、初代、その次に政治的な関係があったから、西銘順治がいた。西銘順治とはまた一緒におって、僕らは三〜四年おって、それから、西銘さんは、またまた市議になって、それから今度は那覇市長になったのかな、那覇市長になったから、呼ばれて向こうにいったわけさ、那覇市に。那覇市になって三年ぐらいかな、それからまた、選挙にまた負けて。台湾から沖縄に来た……。

（能彦）屋良朝苗（やらちょうびょう）。

（金城）屋良朝苗との選挙に負けて。屋良さんは西銘さんの先生だから負けてよかったと言ってた。それでもう市長も辞めて、今度はまた市長にまた古堅町長立候補したら、でこれでもまた負けて。

僕は、条例上は別に辞めんでもいいんです、三役だけだから。助役と、市長が辞めれば。

部長クラスは何も辞める必要は何もないんだから、それで僕ら、これは今まで白、白、言ってたのが、むる(みんな)、あちゃ(あした)から黒、黒、これはおかしいんじゃないか、と言って、僕らはすぐ辞表を出したんです。いかんということで。

それでやったら平良良松がしばらく待ってくれんか、というから。どうしてかといった、あんたもう当選したのに部長クラスの人事はもう決まっているんじゃないかといったら、いや決まらんと言う。それでも自分たちはやらんといった。それじゃあ名前だけ書いてくれというから二週間あって、提出は正月まで、二七日か、一八日くらいま名前だけ書いてくれというから、いいだろう、それじゃあね名前だけ書いて僕らは出勤しないでくれというから、僕らは出勤しなかったわけ僕らは。

その間は、僕は遊んでいた。内の家内はヤマトを見たことなかったもんだから、最後の見納めにヤマトに行こうと、二人鹿児島に行って、船で。あのときは飛行機なんかないから、船に乗ったら、西銘順次さんの弟で、島尻にいる登さんと一緒になり、特等の部屋をただでとってもらった。、僕は一等の切符買っておったんだが、特等といったから、アッサナーもう全部テレビも入って、立派な部屋に、それと今度はまたコーヒーの時間にも何回も。高級船。

鹿児島に着いて船から下りたら今度は、ウイスキー三本、ジョニ黒三本持って来てから、登さんが飲みなさいといってくれよった。そうね、といって、それでホテルも登さんが紹介してくれて。あれは海軍兵学校の時の同級生。その人は後で死んで、奥さんがやっていた。で、そこで僕らは二人は泊まって、一週間して帰ってきた。

もう、行かんつもりだったから市役所には。辞令だっていうから、どうせ行かんでもいいよ郵便で送ればいいよ退職届はと思っていた。行ったら、秀仁さんあんたはヤマト行ったそうだな、といわれたから、戦争（選挙）に負けて頭おかしくなったからと冗談いってからに。

（盛健）悦夫先生もいってたように、私なんかが県庁にはいれたのは、秀仁さんのおかげでもあるんだけど、とにかく奥に生まれて、奥の人のために何かしなさいというのがもう、ひとつのアレなんです。悦夫先生からも、そういう風に教えをうけているもんだから。

（能彦）この前奥の資料整理してたら、たった三ヶ月しかない臨時政府からの表彰状が奥にあって、あれ、とても貴重ですね。農業の表彰状。比嘉秀平の名前で表彰されてます。

（金城）臨時中央政府って三ヶ月しかなかった。琉球農林省というのは一年ぐらいかな。琉球農林省から、今度は琉球臨時中央政府、琉球臨時中央政府、というのが、これは……その前には群島政府というのがあったからな、四つあったわけだな、沖縄本島、宮古、八重山、大島、だからあの、立法議員というのは大島から来ている人もたくさいた。

キャラウェイ高等弁務官のいちばん可愛がっていた人が大島の、あの人の秘書だったから、あの人は英語もうまかった。あの人は結局最後まで、キャラウェイと仲良くやっていたから。ぼくはキャラウェイと会ったことがある。秘書があんた英語は分からん、ああ全然駄目だっていったら、キャラウェイが部屋から出て来よった。あんた時間あると聞きよった。この人英語できないから、通訳してくれる?って、一、二回ぐらい高等弁務官と僕は、通訳をとおして話したけど、あのときは怖くて誰も一人では部屋に入れなかった。

(能彦) キャラウェイはやっぱり威張ってましたか?

(金城) はい、(笑)。あの頃はたいへんだった。みんな怖がっておったから。

あのね、キャラウェイの考え方は、さとうきびは暴風のたんびに倒れて困るから、沖縄のさとうきびはつぶして、全部畜産でもっていこうよと考えていたよ、畜産で。キャラウェイの考えは畜産だった。牛や馬は餌をやって、クソたれたらこれを肥料になるといって。だけど、農協なんか全部反対した。そしたらアメリカから五名の大学の生徒を連れてきて、沖縄を見せて、それで、本格的に畜産にやろうという考えでやった。だけど、沖縄のみんなに話しを聞いたら、キャラウェイの思った通りにいかんで、逆になったわけ。それで彼は帰ったんだといわれた。

北谷に新都心があるでしょう(ハンビー)。あれへリコプターの基地だったんです。あそこから僕は沖縄の離島全部回った。ヘリコプターで。行くときは、生命の保障はしませんとアメリカに言われ、一筆書いてから行きよったんだがね。それで、畜産関係全部見てまわった。

軍政府の、与那原の人だったか、二世だったかが僕の通訳をして一緒にヘリコプターにのっていた。ある時は国頭の辺士名も行った。桃原辺り、名護とか、伊是名、伊平屋、座間味、粟国、久米島とかどれくらい回ったかね。

ある時、粟国で落っこちたよ。小学校の庭に降りるつもりだったんだけどね、そばに電柱があって、それに引っかかって落ちているわけよ(笑)ヘリコプターが。それで、故障で駄目になって、それから命拾いをして、それからまた飛行機呼んで帰ったんだけど、そういうふうに、キャラウェイという男は、とことんなんとかして沖縄を変えよう、という考えを持っていたんだがね。

(盛健)　あの人は西部の出身だったかもしらんですね。西部劇にでてくる牧場の人。初めて聞いたんですやっぱりひとつの自分の考え方があって。

(金城)　あの人は政治家じゃなくて、学士号、博士号もたくさんもっとるらしいから。

(盛健)　やっぱり、畜産振興……牧場したいがための何かひとつの考えが……。

(金城)　とにかく、特別にしたいわけさ、もう暴風のたんびに補助金とか、何とか……。

ああ、もう大変だ。だから、僕、話し合い一時間もやって、こっちからも質問もどんどんして。畜産も詳しいから。沖縄の歴史を、こう、こう、こうでって。さとうきびは全滅するが、これは倒れてもまだ生き返る。それから収穫しても、それからまた今度は切ったものはまた牛の飼料になるし、それから草、肥料だって、クソを拾ってこうしてやれば循環系だ。そういうのを僕は一時間くらい話しをやったよ。やったら、ああそうか分かった、ということで。

朝の六時三五分に、農家の皆さんおはようと、僕はやっていたんだよ、ラジオで。農家の友というのを。キャラウェイは帰りがけ入り口まで僕を送ってきて、「ミスター金城、あんたのラジオ六時三五分あしたから聞きます」と言ったから、アンダグチ（リップサービス）だろうと、笑ったよ（笑）。

（能彦）すごい勉強になります。でも、キャラウェイと直接話をした人の話、初めて聞きました。

（金城）（笑）キャラウェイ会えないさー、怖くて。大田主席ですら会えない存在だった。ぼくはね、普及委員、試験場なんかで講習会みたいなものをやっておったわけよ。そしたら局長から電話かかってきて、「高等弁務官に来いといわれてるからね、君、行く前に僕の所に来てくれ」と。あれはビックリしているわけさ、もう、でーじなとん（大変だ）と思って。それで行ったら、あれは僕が帰って来るまで、チムどんどん（ドキドキ）しているわけ、

（笑）もう、でーじなとん（大変だ）って。

（能彦）　復帰の時は特に何か……。

（金城）　復帰の時は僕は国場組だ。

大島の復帰の直前に大島に行っていて、大島から帰れなくなったことがある。滞在中に大島が日本に復帰したから。沖縄は琉球で外国になったから、パスポートが無いから出国できない。それで米軍が連れ返すために来たんですよ。沖縄が復帰する時じゃなくて、大島が復帰する時に。

あのときは、大島が復帰をする時に、お祝いに琉球政府から行くわけさ、比嘉秀傳、比嘉秀平のおじさん。この人は副主席だったから、その人と、警察課長と、それから経理課長と。今は死んだが、久米島の立法議員の議長をしておった人……。

僕はその前に、災害調査の調査のために沖永良部に行っておった。あのときの沖永良部はずっと沖に船を泊めて、一時間ぐらいかけてクリ船をこいで島にいきよったんだよ。そこでまたもう三週間、部落のあるだけ全部回って災害調査をしたんです。あそこはもう全部名前が沖縄みたい、国頭とか、誰が島尻とか、誰が宮城とか、そこを全部回って災害調査をして、那覇に来たら、すぐに課長がまたもういっぺん大島に行ってこいっていうんだよ、僕に。

帰ったばっかりなのにまた大島の本島に、いろんな災害、ジャガイモの苗とか、何とかかんとかで内容を調べてこいと言われた。行った時は大島の復帰の直前だったんです。

むこうの方にはすでに、日本の税関とかそういう人が全部入って来てたものだから、復帰の前の日、二五日の一一時五九分五九秒までにあの港を出ればいいんだけど、出なければ、もう出られんわけさ、日本になっているから。ところが、比嘉秀傳さん、これまたのんきなお兄さんで、いいよ心配すんな、って言って。

結局、復帰の日になってしまって。それだから米軍に連絡したら、軍の方から大きな船LSTが来たわけ、これが、沖縄の船だったら港にはいれないけど、アメリカの船だからこれはもう止めるわけにはいかないでしょう。アメリカの船に乗って帰ってきた。あの時は大みそかだったのか、波がすごくて、朝起きてみたら冷蔵庫が全部ひっくり返っておった。朝起きてみたらトビウオが船の中にいっぱい入っていて。

ああいうふうなことがあった。奄美大島では。日本復帰ということで。

（盛健）力人さんがいつもおっしゃっているように。やっぱり、奥に生まれてよかったという話も聞かしたほうがいいんじゃないかな。分からんからね、よその人には。

（金城）これはねえ、僕はいつも口癖のようにいつも言っているのは、奥に生まれて、奥に育って、奥で成人したことを誇りに思っている。奥のこと、ちゅーばーふなーになるけどね。

奥にはどこの部落にもない、ひとつの文化があるから。例えば、学術奨励なんかいろいろあるでしょうしね、それからね、何か一〇〇キロあまり離れた所にあんな辺ぴな所に海もあり、山もあり、川もある、これは自然の見た目の豊かさというものはあるけども、生産性の非常に低い部落でしょう、あんな石岩盤で何にもできないからね。そういうふうな所で、自然環境に調和するところの、ひとつの部落作りをやったということ。

例えばさ、イノガキね。それから今度は何というか、一日、一五日にはなんとかして公休日にして、婦人会の方々が部落の掃除したり、青年は運動会みたいなのいろいろやるとか、もうとにかく、何とかかんとかいう色々なことをやっている。それから普通の農業はできないけどお茶なら最適です、お茶の園があるとか、それから家畜関係だったら僕らはまた専門だけど、いろいろな種牛を入れて、これをひとつずつ飼うとか、いろいろあるんです。

とにかくよその部落ではない、奥の部落しかやってないことが多い。これは奥の先人たちの素晴らしい英知と、努力というものだと。私たちはその人々の創ったところの文化の中に生まれて生活したということは、非常に誉れになっとると思うんです。

（能彦）　やっぱり仕事するときは、それが支えになりますか。

（金城）　そ、そうそうね、例えば奥の人は貧困の差というのがあまりないんです。よその部落でいえば、ヒンスームンとエイキと（貧乏と金持ち）非常に落差があって。奥は、学校へ行っても、子どもは遊ばしても、みんなワーワーして、決してこれは金持ちだとか、これは貧乏だとかなんとか、とかこういったようなことがないように思う。小さいときから僕らそういうふうに育ってきている。だからそれが部落から出てもみんな同じような気持ちで結局、皆同じさという風に。

その代わり欠陥もあるかもしれないね。みんな同じような気持ちだからさ。勉強してこれより偉くなるという気持ちは無いね。みんなね。それが欠陥なのかもしれない（笑）。だからみんな悪かった。同じ人だと思った。これ負かしたらこれより上になる。偉くなろうという欲張りはなかった。みんな同じだから、はい、はい、といって。

（盛健）きょうは、今までは私たちもあまり聞いたことのない話を聞きましたんで、よかったです。

（そのこ）わたしも初めて聞いた話です。

（盛健）きょうは素晴らしいお話を聞けて、ほんとに。

（能彦）ほんとにありがとうございます。

（力人）一九五〇年代か、六〇年代かも、五〇年代後半ぐらいですか、何か米軍にだけが特別な野菜がありましたよね、清浄野菜？。

(金城) 清浄野菜、いろいろ人糞とか、何とか付かない野菜。アメリカは衛生的なものだから。

(力人) どういうふうにして生産したんですか、生産の方法というのは。

(金城) これは指定されている場所、指定地域。例えば伊計島なんかでね。水肥を使った。人糞をかけたり、堆肥(たいひ)をかけたりするのをアメリカは嫌うから、だからアメリカは科学肥料だけをあげて栽培する。これは結局契約栽培だから、もうなにもかも決まっているわけ、それで種まきからルートまで。

(力人) そういう野菜があるわけですから、例えば肉とか卵とかも指定があったわけですか。

(金城) 生野菜を食べるもの国頭も名護あたりかな、辺土名辺りも指定されて、無農薬栽培の「清浄野菜」と言っておった。

(力人) 私は沖縄水産の出身だが。例えば、昔の琉水のあるミーグスクの、あの辺に琉水の冷凍庫があったんですよ。その隣にパイン缶詰の工場があったんですがね。あれ魚だったかな、パイン缶だったかな。その他にも、そういうこの野菜とか肉とかいうこの保管する場所があったんですか?

(金城) いやあれは、軍の指定する所には、やっぱりちゃんとあるわけよな。

(盛健) 力人と二人たまにインドネシア行くんですが。

(金城) 行っとるか。

（盛健）行くんですよね。それぞれあの。僕が行くのは、北セルビスという。

（金城）セルビス。セルビス。

（盛健）セルビス。さっき言ったとおりに、ヤシの木があって本当、昔と本当に全然変わってないと言われて行って。

（金城）行きたいと思ったんだが、行けなくなった。もう。じゃ、行こうよって言ってもそうともいかないはずね。

（盛健）（奥の）サバンナーと一緒。それで全部、丸バイ（裸）で子供たちが川で泳いでるわけですよ。マンゴーとかこういうの、こうつついて採って食べてる。

（金城）いやーあの頃はね、まだまだまだいいよー、まだまだ。だからね。朝起きてもね、頭から腰まで手をこうして腰巻きでしょ。

それで、朝起きたらみんな勝手に、川の両側並んでみんな糞垂れてるよ。そして後ろの方でも洗濯しているよ。

（力人）先ほどのお話はあれですか、ニューギニアですか？行かれたのは、場所は。

（金城）インドネシア。インドネシアのジャワ。

（力人）捕虜になったのはジャワ島のどこですか？

（金城）ああ、僕はね、僕はあの時は軍人じゃないからさ。僕は、満州のときは軍人だけども、ジャワにいた時は会社ですから、今言ったようにいわゆるマラリアの薬を栽培する会社。世界の九二%はジャワで生産されとるマラリアの薬。それを占領することによって日本は非常に有利になるわけさな。その時にドイツと日本は、同盟国だからね。向こうは潜水艦でインドネシアまで来て、日本からいわゆる記念に持って帰ったっていうふうな話。

ジャカルタでもしばらくは半年ぐらいおったし、それから、スカボビというところ。それからね、あちこち寄ったな。サラテガというところ。サラテガというところはね、標高六〇〇メーターごろのところだが、下の方にはまたスマランというところがあって。

これはね、あんた方に話せば嘘みたいなことだけども、もうオランダ人が……、日本人は貧乏だからね、貧乏性だから、ちょっとでも木々を多くするには、まず木々を生産してから、道路をつくったり、色々つくったり、いろいろ整備をするんだよな。ところが向こうはね、初めからもう計算して、これ何をするところ、これにケナを植えるとか、これがコーヒーを植えるとかね。道路からつくる。電話を引く。それからまた今度は、田舎だから今度はダムがある。ダムをつくって、そこに水力の発電をつくって、こういうのをする。また人、ジンブンを集めといかんから、少ないから学校をつくる。また巡査を置くとかね。いろいろ。いろいろあってそういったものを全て至れり尽くせりしてそこで五、六千人住んどるんですよ。で、大きな住宅とかも、今の知事公舎の二倍ぐらいあった。

僕は一人でそこに住んでいたよ。大きいところに。飯炊きもおるし。それから夜も一〇名ぐらい守衛みたいなのもおるし。それから洗濯するのもおるし。もういろんなのがおるわけね。

（盛健）僕らは歴史的認識不足だったんですよ。例えば戦争の入る前はインドネシアはオランダ領だってこと。

パラオからセルビスにウミンチュが渡ってるんですよ、戦争前に。向こうでビトゥンというところなんですけどね。向こうで鰹節工場つくって。僕らが認識不足だった。秀仁さんなんかが直接関係していたことを初めて身近に感じましたよ。四〇年オランダ領だったのが、戦争が起きて、わずかの間に行かされて、閉じこめられて帰れない。今でも向こうにもいるわけですよ、たくさんの人が。ウミンチューが。

（金城）あのね、向こう（インドネシア）はやっぱり日本の兵隊のお陰で独立を勝ち取ったわけですからね。オランダ領、イギリス領どこでもそうがね。だから、戦後、日本人がインドネシアのことを全部調べてみたら、そこに日本の兵隊がまだ残っている。

例えば向こうの伍長、軍曹というものは大尉か中尉ぐらいだけど、その人たちは、元は「兵補」。兵隊の補欠の「補」、兵補。

日本の兵隊は、将来の独立に備えて訓練したんですよ、むこうの人を。「兵補」にして訓練して。そういう訓練したもんだから、それを訓練した連中がそのまま残って、まだそこにおるんだね。むこうのお嫁さんもらって。今でもおるさーね。

（盛健）だから、我喜屋とかもうなんかもう、ウチナー苗字がたくさんある。みんなうちなー顔してますよ。

（金城）そうだね。

（力人）マナードを中心とした名簿があるんですよね。三〇名ぐらいの。おそらくウチナーンチュだろうという人達の名簿がある程度明らかになってくるんですよ。そしてその人達がこの現地の人達と、女の人と一緒になって、一人とか二人とか四名とか子どもがいて、九〇名ぐらいまでも辿ることができてるんですよ。実は今、この話になったから、ちょっと言いますけどね。

今日の四時頃、衆議院の西銘恒三郎先生から電話あって、「いつか一緒に行こうな」って。私その前に、二ヶ月ぐらい前にちょっと先生に会ってお願いしてたんですよね。今の件で。西銘恒三郎にも関心持ってもらって、「一緒に墓見に行こうな」と。「現地に見に行こうな」ということになってるんですよ。

（金城）どこの墓。

（盛健）いや僕らはね、ビトゥンに日本人墓地作ってるんですよ。力人が募金集めて。

（力人）　琉大の同期生。南風原のですね、照屋さんと言います。琉大の先生。照屋なんとかいうの。なんとか研究家、何と言った？

その先生と一緒に行ったわけさ。奥さんの関係でね。あの人の奥さんはセレベスの生まれで、当時の住所を尋ねたいということで行ったら、なんと病院の名前がそれで、そこにカルテが残っていた。

先ほど、私がどこで捕虜になったのか聞いたのは、照屋先生の奥さんが、マカッサル（ウジュンパンダン）というこのセレベス島の南の方にあるんですがね。そこの病院で生まれたわけ。今言うルートを辿りに行ったんですかね。

マカッサル（ウジュンパンダン）辺りの人達みんな集められたんですよ。ジャワ島は分かりませんよ。スラバヤかね、バリ島なんか、あの辺の人達も集められて、オーストラリアに、捕虜に連れて行かれたんです。

（金城ヒデ）　だけどよくカルテが残ってたもんだね。

（盛健）　日本がインドネシアをオランダから奪ったその隙間の二、三年というのは、あまり分からなかったんですよ。今話されてわかりました。戦争前に、テレパラオなどへ沢山行かされているんですよね、ビトゥンに。インドネシアに。

（金城）　沖縄の人使うさ。漁業者だのに。

（能彦） インドネシアで島ぞうり作って売ってるのは沖縄の人って聞いてたことがあります。

（金城） 沖縄の人はね、東南アジアどこへ行ってもおりますよ。大体、ウミンチューはね。またもう一つはね、沖縄の人は、ヤマトンチューよりもね、ああいうところの土人とかのところに来ると非常に親近感があるんですよ。これ僕らもそう思うんだがね。

普通ヤマトゥの人は、（東南アジアでは）ちょっと威張りたいところがある。でも沖縄の人はそうじゃない。同等にね。「ヤー、ヤー」と言っている。

僕らもそうだった。やっぱり僕らはああいう中にいても同じ。当時、若いのがあと二人ぐらいいたんですけどね。僕らが飯食うでしょ。そしたら、僕だけ「座れ、座れ」って彼ら（現地の人）を誘うんだよ。座らんけどね。彼らは酒飲まないか。でもね、親近感があるもんだからよね、自分らと同じだという気持ちがある。だから（現地の人は）全然、西洋人よりも日本人に対しては親しみある。今でもそうだと思うんですよ。ね。なかなか面白い。

台湾はもう、一番親近感があるよ、台湾はね。台湾とね、台湾と朝鮮と比べたら、僕らは満州におったがね、朝鮮の人には運転手たくさん多かったけどね。ちょっとこの性格というかな、感情の起伏が大きくてね、ちょっと。でも、台湾の人というのは、非常に親近感がある。親近感がある。これは、政治的な恨みもあったはず。

台湾の方は占領は大成功ですよ、台湾はね。もう今あれだけ台湾が本当に抑留しても充分な力持ちよったのは、これは日本のお陰ですからね。あの田んぼで米作ったのって全部日本でしょ？もう全部だから、あそこの基本的な（社会資本を）作ったのは全部日本だからやっぱり、台湾の人は日本様々だ。台湾が一番いいところは。僕らはだから、もし戦争勝っとれば、ジャワで終わって。一応は、まだ独身だから、帰って来れば将来の生活は台湾でやろうと思っていた。ずーっと。台湾っていいところだなー、ってね。

（能彦）**戦前は、台湾に行くのに憧れていたとよく聞きますが。**

（金城）ああ、戦前は台湾に憧れた。僕は台湾におって、それからジャワに行っても、どうせ定年なったら帰ってくるのは台湾だって気持ちはあったからね。沖縄の生活、台湾の生活、そういう気持ちあったな。

あいやもう、台湾というのは品物も豊富ですよ。戦争中にも、砂糖とか米とか何とかいうのも、もう何と言うかな、日本帰ってくるのも大変でしょ。ない。

僕らはジャワに行くために六ヶ月ぐらい前に台湾から出て、それから東京でずっとホテルで、ホテル住まいでずーっと仕事をしてないでブラブラしながら、日本の兵隊の命令待っとるんだよね。その間、本当にもう米もなけりゃ砂糖もないしビールもないし。で、僕ら台湾行ったときには、外国の旅費で来るもんだから、お金はたくさんみんな持ってるわけさ。あの辺と、ソウルに行く時もあるわけさ。台湾はもう、田んぼも多いしね。もう。

（盛健）台湾の高雄には日本人がつくってものがまだのこっていると聞いたんだけど。

（金城）あそこにはね、ガランピンっていうところに灯台があるのよ。ガランピンのね、灯台のあの神社があるんだよ、ガランピンに神社があるからさ。一番南の端な。向こうから見えるわけさ。何ていうか。南十字星。南十字星が見えるところがさ。だから、大きなクジラのね、大きなクジラのあごぐらいにこう作ったんだよ、あれ。

（力人）ほかのは分からんけどね。つい一〇年まだ、五年、一〇年ぐらい前かな、キールンの港のいろんなものは、日本時代のもんです。駅も含めてね。キールンの港、駅も含めて。もう日本時代に作ったものがそのまま。

（盛健）キールンは、非常にあれだよな。キールンの側に水産試験場があるもんだからさ。

（金城）キールンのところには、ジュロン島というところがあってね。ジュロン島って沖縄の人ばっかりさ。ジュロン島はね、しかし、雨が毎日降るから昼間、毎日雨降る。

（盛健）うちのおじいちゃんなんかは、高雄ですか？

（金城）高雄の中のコウシュンって高雄市のコウシュン。その後は和歌山にいきよったはずよ。その時は僕はジャワにいっていたからわからん。僕が君を連れて行くか？おじいちゃんと住んだところに。家もある、まだおそらく。そのままで入っとる、みんな。

（金城ヒデ）そうだよね。だけど、もう変わってるんじゃない？

（金城）僕が旗山におる時に宮城久安は警察課長しておった。だからね、戦後、僕見に行ったら、戦後は台湾人の警察の人がみんな入っておった。

（金城ヒデ）台湾には、琉球政府の頃、台湾に行きました。

（金城）台湾にはさ、戦後も二回行っておるよ。

（能彦）僕たちも、三月になんとか高雄行こうと思って。

（力人）じゃ、行きましょうよ、一緒に。先生方は勉強して、我々は遊びに行きますよ。

（金城）高雄いいですよ。高雄はね、巡航船っていうのがあってね、その向い側に平和島がある。沖縄の人なんかみんなあそこに行っとるわけさーね。

【調査日時場所】

二〇〇七年一二月一八日夜、那覇市首里の金城秀仁さん自宅。

【参加者】

・金城秀仁（大正四年六月一九日生）
・金城ヒデさん（秀仁妻、大正一五年五月一五日生、奥出身）
・糸満盛健（昭和一八年生・奥出身）
・糸満園子（盛健妻、昭和一九年生、奥出身）

・金城力人（昭和一九年生、奥出身）
・宮城能彦（昭和三五年生、浦添出身）

【収録方法】
ビデオおよびＩＣレコーダー

三、戦争体験手記――奥の戦争

(1) 母の悪夢(脳裏に焼き付いた友の死)

宮城邦昌(昭和二三年三月二八日生)
屋号：浜吉屋(ハマキチヤー)

私が在那覇奥郷友会の役員となったのが一九九二年で、会長に宮城昌佑(昭和八年生)さん、副会長に宮城宏光(昭和一一年生)さんの下で、特別会計を務めた。最初の役員会で宏光さんから奥における戦争で、グラマン戦闘機の機銃掃射で死者が出た時、「現場にいたのは唯一君の母だよ」と言われ、度胆を抜かれたような衝撃を受けた。

幼い頃に母(幸子、大正一一年生)から、戦争中の避難生活の話をよく聞かされ、親しい友達を失った話は聞いたことはあるが、目の前で死んだとは一度も聞いた記憶はなかったのである。

母の話を要約すると……一九四四年一〇月一〇日の空襲で伊福丸(共同店所有船)が銃撃炎上、部落も多くが焼け払われたが死者は出なかった。一九四五年三月二三日に空襲があり、前ン当が焼け、友達のキヨが銃撃で死に大騒ぎした。その日を境に部落民はシーバー、アンガー、チヌフク、イチリンハナ、ガーミチバル、フイジ、カイチ、ワタンナ、ウンダーマタへと避難した。米軍が辺戸上原にキャンプを設営し、米軍が編隊を組んで奥へ偵察に来て夕方引き上げると、住民は部落に降り、家畜の餌をやったり、食料を調達したり、塩づくりをするなど、それぞれが作業を済ませ、明け方米軍が偵察に来ないうちに避難小屋に引き上げる日課であった。

軍の徴用船であった須磨丸が漂着・破損し、積荷である大量のカンパンなどがシルカニジ（奥部落の北東側の海岸）に打ち揚げられていた。部落の人々は夜取りに行き避難中の食料の足しにした。避難中に爺さん（我如古弥元・明治三三年生）、婆さん（我如古カナ・明治三五年生）と母の三人で夜になると時々取りに行った。シルカニジは断崖絶壁の海岸であり、闇夜に断崖の径から荷物を運んだかと思うと背筋が冷たく感じるほど怖かった。

また飼っていた豚が一六頭も子豚を生んだが、餌をやるのも厳しい状況になったので、敗残兵に取られる前に潰した。親豚はそのまま解体し塩漬けにして保存、子豚の肉はそのまま食べるとまずいので、一匹ずつ裂き広げて弱火で炙り焦がして干し肉状にしたら保存もよく、とても美味しかった。

部落周辺の山中に点々と避難していた住民は、降伏して山を下りた八月三日頃にはナナチグスに殆どが結集していた。若い女性は顔にナビピグル（鍋墨）を塗り変装した。その日は大雨でウッカー（奥川）が氾濫し渡れないので、ピー（奥川に架かった潅漑用の樋）の両側に米軍人が数名ずつロープを張り、安全を確保したうえで一人一人渡らせ、皆が渡り終えた時にピーは流された。

……などであった。

ある日、母から死んだ友達の事を聞くことができた。幼友達とは隣に住む田ン根の玉城キヨ（大正一〇年生）で、母は大正一一年の早生まれなので同級生である。

一九四五年三月二三日、キヨが母の実家（弥元屋＝我如古小）に遊びに来た。キヨはナハダー（二番座）のプルチ（敷居）にサガイビー（足を垂れて座る）し、母は向かい側に立ち、紡績から持ち帰った口紅などの化粧品をキヨにあげる約束をするなどユンタクをしていた最中の出来事である。

一機の戦闘機が轟音を響かせ低空飛行で奥集落に侵入し海岸方向に去って行った。部落民は友軍機だと思い、手を振り激励したようである。鼓膜をたたき付けた轟音が消えたかと思った瞬間、部落西の段々畑であるシーバーから轟音を響かせ再度現れたグラマン戦闘機は、ダダダダダと機銃掃射が始まった瞬間、キヨが母の胸元に弾かれるように覆いかぶさり、母はなにが起きたか頭は真白の状況となった。

機銃掃射で隣の前ン当が燃え上がり、警防団などが消火のため大騒ぎになっている皆の声で我に返った母は、キヨが背中から銃撃を受け銃弾が貫通したために即死の状態で母に覆いかぶさり、自分に抱かれたままキヨが死んでいるのに気付いたとのことである。キヨは奥での最初の戦争犠牲者であった。危険を認識した部落民は、その日を境に、部落周辺の山中に避難小屋を作り、安全な場所を求めて移動し、避難生活を強いられたとのことであった。……母が重い口調で、脳裏

シルカニジの海岸
（軍事徴用船須磨丸が漂着・破損した場所　2014 年 7 月 10 日撮影）

に焼き付けられた悪夢のような体験を話されたことが甦る。母の戦争体験を詳しく聞き書きしたかったが、二〇〇五年に他界したのが悔やまれる。

(2) 少年期以降の私の体験談

新城健(昭和三年九月二日生)
屋号：新城屋(シンジョウヤー)
現在：大阪市大正区鶴町在

先ず誤字や年月日等の前後の相違など七〇年前の出来事で、不確実の部分の点、ご容赦願います。

昭和七年七月七日、日支事変勃発当初は南京、漢口陥落と祝勝の旗、提灯行列のお祭りさわぎが年月がたつにつれ「勝つまでほしがりません」にかわり、衣服、食料の配給制、ナベ、カマの供出、貧苦の生活に入る。一六年三月より小学校も国民学校に改名、軍国少年としての教育が多くなる。

一六年一二月八日大東亜戦争に突入、新聞紙上の大本営発表を見て喜び合った。学校でも夏休み冬休みに、出征兵士の家の手伝いに三年生以上の男女一五人位のグループで奉仕作業を行う。

一九年に卒業した後、伊江島飛行場建設に青年奉仕に二回従事する。その後四回、村の割当て徴傭(ちょうよう)。一〇月八日交替で村に帰り九日休養、一〇日早朝より飛行機の大群、友軍機とおもいきや機銃の雨、世にいう一〇・一〇空襲である。

情報によれば那覇市は全焼との事、奥宇所有の伊福丸も銃撃を受け沈没、その後は敵の上陸に備えて軍の炊事用の木炭生産に字民動員。

二〇年元旦より偵察機飛来、遺構頻繁に来る。二月（日不明）赤紙令状来る。翌日出発役場で点呼を受け、恩納村熱田に向け出発、徹夜で到着。沖縄守備三二軍混成四四旅団第四遊撃隊一中隊三小隊に入隊する。本日より若干一七歳の日本軍兵士の誕生である。第一遊撃隊はニューギニア島、第二遊撃隊はフィリピン島、戦後三〇年後に帰国した小野田少尉が有名。

沖縄では第三、第四の二隊が編成された。訓練はゲリラ戦法で爆薬の梱包雷管、導火線取付、点火法、爆破作業など実戦同様のきびしい毎日。合間に恩納岳に弾薬、食糧、実践使用資材の運搬、陣地構築の作業の毎日。

中部方面に艦砲射撃の報、空爆も断続的に増し、島全体地震の様にゆれる。三月二六日ケラマ列島上陸、四月一日嘉手納飛行場西岸に上陸の報、心を引き締め待機。

日不明一中隊金武方面に夜襲する。照明弾の明るさに襲撃できない。ある日突然恩納方面より戦車砲、火炎放射器の攻撃を受け、我が三小隊の布陣した散兵壕（さんぴえごう）手前まで火炎放射で焼かれたが防戦撃退する。

一小隊の分隊長戦死の報、冥福を祈る。月日不明東岸の伊芸、屋嘉、金武方面の監視、立哨朝七時より明朝の七時まで三人で二四時間体制、異常なく翌日交替後一日休養日、朝食後ノミ、シラミ退治もすみ、就眠中に敵来襲におこされて着替えもそこそこに退陣に付く、拠点本陣地での攻防戦は初めてではないが、砲弾のツメ程の破片も山竹に当たると、竹の破裂音が身近に落ちる感じでいやなものだ。今朝まで立哨した友が戦死の話を知り、戦前からの知人で残念、ご冥福を祈る。

以後も断続的に小競り合いあり、五月初旬一中隊長指揮する。二小隊、三小隊両隊より約一五人位の編成で久志方面出撃、名嘉真、漢那、辺野古岳などの東西横断道通過の資材運搬のトラックやジープ等新式の爆薬で投的、形は小さいが威力は大なり。

伊武部か喜瀬武原か地名不明、資材置き場に夜襲と同時に照明弾のもと討返されて、我が小隊の分隊長胸部、貫通の重傷安全地へ退却二本の木を切り山カズラで仮担架を作り漢那岳、名嘉真山の山頂上り下りの坂を押したり引いたり、担架の本人は呼吸するたびに血泡が吹き出し、気の毒だが薬もなく手当もできず無念さが残る。

喜瀬武原横断道までの一五キロ余無事着く。一人は本部に伝令、一人は負傷者の見張り、ほかの隊員は元に戻り遊撃に向かう。途中金武よりの道路に数人の敵発見、軽機銃撃、その後もゲリラ遊撃を行う。予定の期間も過ぎて食料もなくなり、本部隊に帰ることにする。

喜瀬武原に来ると敵の布陣が目視され、横断をあきらめ安富祖よりで横断決行。二小隊先頭で渡った所山頂より銃撃され退却する。二小隊長は同郷の大先輩で戦後戦死確認。今も心痛む、ご冥福を祈る。

その後は食糧確保が仕事、夜間海岸に出て漂着物を探す。また、米軍の残飯捨て場を掘り起し未開封の食料品もある。たまに戦車、トラックの通過音が近づくとアダン林にかくれ、通り過ぎると元の食料あさりのくり返し、夜明け前に山に戻り皆でわけて空腹をしのぐ生活。不安の毎日である。

多野岳僚友の第三遊撃隊の話を聞き、我が隊も次の転戦に備えて中隊長と中頭島尻方面の方を残し、国頭村出身者は一時帰郷食糧調達に出発、大浦、有銘、平良、川田と、海に出たり山に入ったりのくり返し、夜間ははぐれない様、前の人に腰にひも付けての歩行。足元に変な感じ、よく見ると死体。昼間はひどく腐乱死体の多さ戦争のむごさを感ずる。琉歌にある高江、新川を通過、安波に着く。安波出身者と別れ奥出身五人奥に向かう、避難所のスイ山に昼頃着く、約六〇キロ余のジグザクコース昼夜の歩き疲れと空腹。爆音と砲撃音に邪魔されず飯を腹いっぱい食べ、一晩ねることが一番の望みだ。

食糧調達も出来、多野岳にとどける事になるが、私は足裏の怪我。化膿し歩行困難で外の三人で行く。掃討戦激しく、途中から帰ってきた。

ある日中隊長が安波の玉城氏宅に来ている由、私の足もよくなり調達した食糧を一人で届ける。午後八時頃玉城宅に着く。中隊長、玉城氏の話を聞き、私も米軍が奥村にも頻繁に立ち寄る話などし、一〇時頃辞退帰途に就く。
しばらく無難の生活が続くが避難生活も限界となり、字民全員話合で下山する事に決定。下山日は早朝より大雨。手荷物だけで米軍のトラックに乗り辺土名方面の集落に分散収容される。八月一〇五日突然重大ニュースある事で、収用員全員集合敗戦を知る。悲しむべき事か喜ぶべきか心がゆれる。今までの事が無駄であった。戦争とは失う物ばかりで取り物は何一つない。大反対だ！ 乱筆、乱文を謝す。

平成二三年一月一五日記す。

(3) 母の語った戦世

花城さかえ（昭和二四年生）

屋号：仲前小（ナハメーグヮー）次女

私は戦争は知りません。でも、折に触れ母（富士：大正二年生）は戦世を語ってくれました。「ウラガスーミムッチ　ヒクフトゥ、フングトゥ　パナシスンドウヤー、サアチャン」（あんたが　興味持って聞くから、こんな話するんだよー、さあ（さかえ）ちゃん）

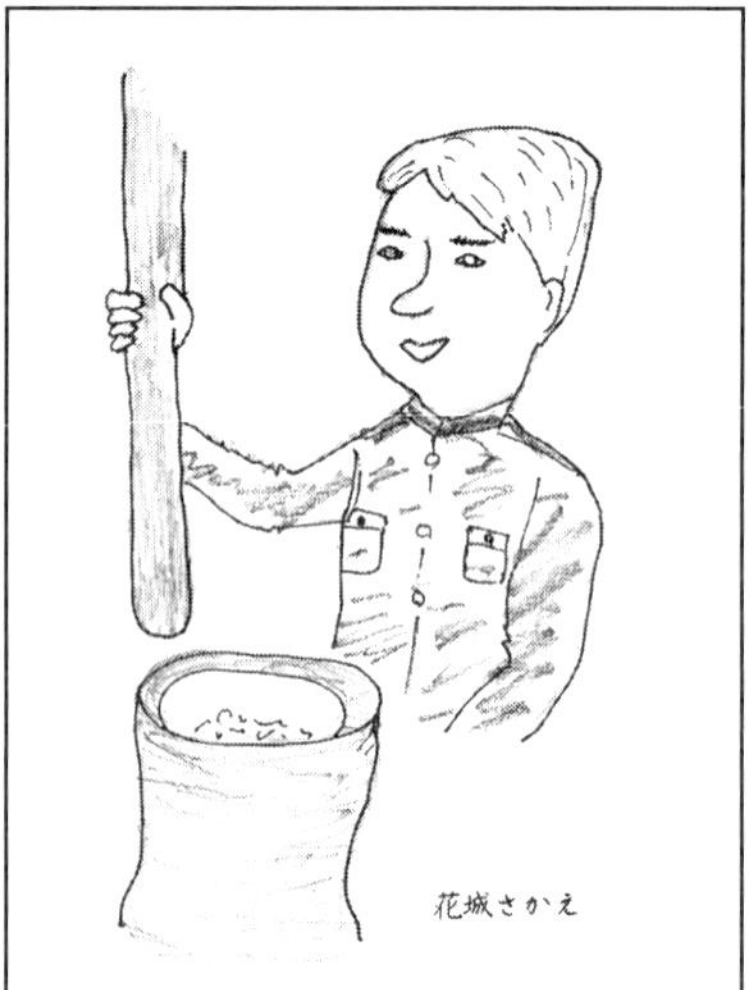

籾を突く米兵（画：さかえ）

山に逃げる時、ユーキー（秀行：次男、昭和一二年生）ティーピチ（手を引き）マサコ（正子：長女、昭和一七年生）をウッパーシー（背負い）、トーシー（秀利：三男、昭和一九年生）やダチ（抱きかかえ）ニームチ、テームチシー（荷持ち、手持ち）アットウタリバ（歩いていたら）アメリカートゥイッターティ（アメリカ兵と会って）、ウドゥルタシガ（驚いたが）アメリカーはやさしく「ママサン　ダイジョウブ、ダイジョウブ」じち（言って）ニームッチトゥラタイ（荷を持ってくださった）。また、ある日はウフゥワタソールトンネーヤ（妊娠している人には）、ムミチットウタリバ（籾を掲いていたら）「ママサン　カワリマス」ジチゲンナ（言ってから）、やさしくしてくれたよー。アンスシガ（そうではあるが）イクサヤデージナムンドウ（戦は大変なものだよ）。ヌチヤティン　ヌーヤティン　ネーナインドウ（命でも何でも亡くなるものだよ）。

八月一五日は終戦の日、奇しくも長兄（秀京：昭和九年生）の命日である。「秀京ニーニー（兄）は水を欲しがって亡くなったから、お盆の時は水を供えなさいよ」と母の口ぐせだった。

戦世《イクサユー》亡母《はは》より聞きて子や孫に伝える夜にコオロギの鳴く

さかえ　詠

解説一：小学生爆弾死傷事件について

奥の住民は三月二三日から八月三日までの四ヶ月余に亘る避難生活を終えて降伏した。辺土名の収容所で生活していたが、八月一五日学校（民家を借家）の掃除を終えた小学五、六年生男子がゴミを捨てに海岸に行く途中で爆弾が破裂し、宮城秀京（小学五年生、入院治療むなしく死亡）、宮城久一（小学五年生、入院五八日完治）、宮城悦生（小学六年生、数日の入院で完治するが腹部に破片残る）など、七人が負傷した事件。

解説二：奥の軍人軍属以外の戦死者について

⑴玉城キヨ（田ン根：大正一〇年生）、一九四五年三月二三日我如古小（弥元屋）でグラマンマンの銃撃を受け即死。「平和の礎」に刻銘。

⑵森山定文（上桁：明治一一年生）、シーバーの避難小屋で射殺。「平和の礎」に刻銘。

⑶宮城秀京（仲前小：昭和九年生）、収容された辺土名の海岸で。「平和の礎」に刻銘。

⑷宮城ヒデ（屋小：昭和一九年生）、避難中に死亡。「平和の礎」に戦死者として二〇一三年追加刻銘。

(4) 監視所のあゆみ—奥監視所・監視所員を中心として—

宮城操(大正三年一二月二一日生)
屋号:椛山(カバヤマ)

沖縄戦の戦況が不利な状況となり、北部方面部隊の一部・奥駐屯部隊は奥集落より引き上げることになった。

その後、北部方面軍(宇土部隊)から国頭村役場を通し、引続き、奥監視所において、防空・海上監視の任に着くよう、命令を受けた。監視所長には宮城操(椛山:大正三年生)が任命され、その任務に就いた。

監視所員には、宮城久次郎(新屋敷小:明治四二年生)、糸満盛長(大正九年生)、森山定安(上桁:ウイギタ)、糸満盛三郎(糸満:大正六年生)、平安基光(大正八年生)、神里島一(神里:大正五年生)、与那城定二(大正七年生)の七人が就いた。奥監視所の任務中も、沖縄戦の状況はますます不利となり、戦力を失い困難の状況に追い込まれた。

最後に国頭村役場から、連名で北部方面の防衛隊として召集を受けたので、国頭村役場に集合し、同日、任地である本部の八重岳宇土部隊本部に入隊した。そこで防衛隊一個分隊を編成し、分隊長に宮城操が任命され、防衛の任務に就くこととなった。

米軍が伊江島に上陸した後、本部半島周辺の陸・海日本軍部隊は、米軍の猛攻撃を受けたが、十分な応戦もできなかった。宇土部隊は、八重岳宇土部隊本部を死守することができず、各部隊は八重岳陣地を撤退することとなった。撤退中、米軍の猛攻撃を受け、呉我山付近で宮城久次郎(新屋敷小)が戦死した。

その後は、行く先・目的地を国頭村奥集落として行動することにした。夜間行動の途中、金城寛(田ン端:大正三年生)と出会い、宮城操、神里島一、森山定安の四人は一夜行動を共にし、その後は二人ずつ別々に行動した。

昼間の行動は、米軍の陣地を避けながら安全地帯を行動したが、数回米軍の攻撃を受け、網の目をくぐるような危険な毎日だった。飲まず食わず一四日目にして伊江集落・伊江川にたどり着き、伊江集落民に出会った。

避難小屋にて食事中、米軍から避難小屋の包囲攻撃を受けた。一連の包囲攻撃の中、伊江川上流で神里島一(神里)が戦死した。一五日目に、奥集落民が避難しているヒクリン山(ナナチグス)に着き、その後は奥集落民と行動を共にした。

当時、南方方面行の軍用船(須磨丸)が、シルカニジ海岸に座礁し、その積荷が軍用食糧のカンパン等だったので、それを調達し、奥部落民は避難中の食料として、大助かりだった。

その後、ピルイバル(辺戸上原)のフンバムイ一帯に米軍が駐屯したことで、毎日のように奥集落まで進撃してくるようになった。現在の上原（ウイバル）林道ヒヤギマ又の青年山付近に陣地をかまえられ、奥集落民は次第に追い詰められた。次第に避難場所には居られなくなり、「集落に下りるか」または「避難場所を変えるか」意見が分かれることになった、結局賛成・反対二組に分かれて行動することになった。

反対組は一日遅くカイチ（開地）付近で、米軍の捕虜となり連行され、辺戸上原から米軍の軍用車両で大宜味村饒波部落に連行された。また賛成組は、八月三日に集団で投降し辺土名付近の集落に収容された。一ヶ月後に饒波部落に収容されていた奥集落民も辺土名に移され兼久集落、上島集落、桃原集落等で合流した。

数ヶ月後の一〇月五日に、収容所からやっと解放され奥に引き上げた。その後は集落民一同力を合わせ、戦後復興に向けて活動を始めた。

（昭和六〇年三月一五日記す）

四、私の戦争体験記――戦世（イクサユー）を生きて

上原信夫（昭和三年一〇月一〇日生）
屋号：直帯屋（ノービヤー）

第一章　戦世（イクサユー）への準備

一、皇民化教育

天皇、皇后両陛下の御真影と教育勅語の奉安室は、職員室と高等科の教室の間切りの中にはめ込まれ白い布でおおわれていた。

四大節（しだいせつ）には、白い手袋をした校長先生が、恭しく勅語を奉戴し奉読した。その間出席者は全員が頭を下げて聞いた。

「四大節」とは、四方拝（節）、紀元節、天長節、明治節の事を言う。

四方拝は、元旦における宮廷行事の一つで、天皇が元旦の早朝に天地四方を拝する行事。戦前は国の行事として四方節と呼ばれていたが、戦後は天皇家の私的行事。

紀元節（二月一一日）は、神武天皇即位の日に基づいて明治五（一八七二）年に制定、昭和二三（一九四八）年廃止、昭和四一（一九六六）年に建国記念日（二月一一日）として復活。

天長節は、歴代天皇の誕生日で明治天皇（一一月三日）、大正天皇（一〇月三一日）、昭和天皇（四月二九日）で、今上（きんじょう）天皇（一二月二三日）の各誕生日となっているが、今上天皇は天皇誕生日を国民の祝日として祝うが、歴代天皇（大正天皇以外）の誕生日は国民の祝日（「文化の日」、「みどりの日」）として引き継がれている。

小学四年以上になると教育勅語を暗記させられた。また毎日の朝礼には宮城遙拝（ようはい）があり、宮城の方向に向かって最敬礼をした。

明治二三（一八九〇）年に下賜（かし）された教育勅語は、昭和二三（一九四八）年までの五八年間国民教育の大綱として位置づけられ、軍国教育の支柱となった。

昭和一六（一九四一）年一二月八日に、米英に対する宣戦布告の詔勅が発布されると、毎月八日は「大詔奉戴日」と定められ朝早く乃木神社を参拝し皇軍の武運長久を祈願した。

御真影は一〇・一〇空襲の後に約一二〇校から集められ、国民学校教員十数名で「御真影奉護隊」を結成して守ってきたが六月三〇日に、避難させてあった山中で焼却されたという。奥では、一〇・一〇空襲時に防空壕に避難させたが、その後は不明という。

二、軍国主義教育

昭和一〇（一九三五）年小学校入学、当時の一年生の読本には、ススメススメ　ヘイタイススメ「進め進め兵隊進め」とあり小学校入学と同時に軍国主義教育がなされた。四年生以上の教科書には乃木大将や東郷元帥、広瀬中佐などをはじめ多くの軍人を称える美談が載っていた。

高等科の教室の正面の壁には、乃木大将の大きな肖像画がかかげられていた。

陸軍記念日（三月一〇日）は、明治三八（一九〇五）年三月一〇日に奉天（現・瀋陽）会戦で、ロシア軍を破り勝利（司令官大山巌）した日を記念して制定、昭和二〇（一九四五）年敗戦とともに廃止。

海軍記念日（五月二七日）は、明治三八（一九〇五）年五月二七日、日露戦争でロシアのバルチック艦隊を、日本海戦で敗り勝利（司令官東郷平八郎）した日を記念して制定、昭和二〇（一九四五）年敗戦とともに廃止。両記念日には、たまにしか食べることのできない米飯の弁当を持っての遠足があったので大変楽しかった。

奥部落の南端には「ミヤギムイ」と呼ばれる拝所があり、女神（マハハ）を祀る祠がある。「ミヤギムイ」の境内に、大正三（一九一四）年に、乃木大将の愛国心を讃えて、乃木将軍の半身像を安置した「乃木神社」が建立された。建物は大和の神社風に造られ槙材が使用されていた。建築は、宮城親源（大六ッ又）が棟梁となり、奥の大工が造ったという。面積は約二・五坪。中は白い幕が張りめぐらされ、モールで飾られ乃木大将の半身像、高さ一尺（三〇センチ）、幅八寸（二四センチ）が安置され神々しかった。大正二（一九一三）年に琉球新報社から売りに出されたもの

ミヤギムイに建立されている奥戦没者慰霊塔

で、当時七円だった(沖縄事始め)。

乃木神社は昭和三(一九二八)年、昭和天皇の即位を祈念して護国神社と改称されたが、毎年三月一〇日の陸軍記念日には祭礼がおこなわれていた。また、毎月一日と一五日には、五年生以上の生徒が早朝に清掃をした。

神社の境内には、陸軍大将鈴木荘六揮毫、玉城鍋吉の彫刻で、昭和八(一九三三)年当時の在郷軍人会が建立した忠魂碑と、昭和三七(一九六二)年護国神社跡に建立された戦没者慰霊塔が残っている。

三、大日本少年団

昭和一五(一九四〇)年には、大日本少年団が結成され小学三年以上が団員となった。洋服の胸には鷲印の記章をつけた。いろいろな訓練や、出征兵士の家の奉仕作業などもした。出征兵士の家の門には「誉の家」として、いつも、日の丸の旗が掲揚されていた。また戦地の兵士を激励するための慰問文なども送った。

文はほとんど似たようなもので、「戦地の兵隊さんお元気ですか、お国のために頑張ってあの鬼畜米英をやっつけてください。僕らも銃後の戦士として、一生懸命頑張りますので、ご安心ください」というものだった。

それから毎月一日は、興亜奉公日（国民精神総動員運動の一環として昭和一四（一九三九）年九月から昭和一七（一九四二）年一月まで実施された生活運動で、毎月一日に設定されていた。設定閣議決定では、事変中はこれを継承すると定められたが、しかし昭和一六（一九四一）年一二月八日の対米英宣戦の大詔が発布されると、昭和一七（一九四二）年の閣議で、大詔奉戴日（たいしょうほうたいび、毎月八日）が設定されると、興亜奉公日（こうあほうこうび）はそれに発展的に統一され廃止となった。

四、青年学校

小学校を卒業すると、軍国教育と軍事教練を目的とした青年学校本科（一六才～二〇才）と初等科に分かれてあり、週一回（一時～五時）まであった。一、二時間目は校長や指導員の講義や、軍人勅諭の暗記などをさせられた。

後は木銃を持っての訓練や、銃剣術などがあった、木銃は各自が持っていた。他に訓練用の軽機関銃一丁と明治三八（一九〇五）年製の三八式歩兵銃五丁があったが、形式だけで使用不能のものだった。

それから年に一回全村青年学校生が、辺土名国民学校に集まり、沖縄連隊区司令部から司令官がみえて査閲が行われた。昭和九（一九三四）年頃と記憶しているが、沖縄連隊区司令部から派遣された一個分隊程の兵士と、奥在郷軍人会と青年学校生との合同演習が、小学校の校庭を拠点として実施された。

護国神社に陣取る仮想敵に対し、機関銃や鉄砲（空砲）を撃ちまくり、防毒面をつけた兵士が催涙ガスを発射したりして、田圃（ミーダー）や畠の中を匍匐前進（ほふくぜんしん）で進みながら交戦するという内容の、大掛かりな模擬演習で、催涙ガスが目にしみて涙が出たのをおぼえている。

五、支那事変勃発

昭和一二（一九三七）年七月七日には、支那事変が勃発、軍事色が一段と強まり、勇ましい軍事関係のポスターや標語なども小さな集落内のあちこちに貼り出された。また南京攻略では、旗行列で部落内を廻った。南京入城は昭和一二（一九三七）年一二月、司令官は松井石根。多くの青少年が軍人にあこがれ、少年飛行兵や海軍志願、少年戦車兵へと志願した。

中学生や、大学生は学業を中断し陸軍士官学校や海軍兵学校、特別幹部候補へと志願した。上原直秀（新門小）大正一〇（一九二一）年一二月一九日生は、昭和一五（一九四〇）年に陸軍士官学校を卒業した。当時成績優秀者が選ばれる連隊旗手となり、天皇陛下から恩賜（おんし）の短刀が下賜（かし）された。当時は大変名誉なことであり、校長先生から朝令の場で全校生徒に伝達された。

直秀は陸軍少佐でフィリピンのレイテ島で、昭和二〇（一九四五）年七月一日戦死、享年二五歳であった。

六、太平洋戦争へ突入

昭和一六（一九四一）年一二月八日、米英に対する宣戦が布告され太平洋戦争へ突入した。真珠湾攻撃の大勝利で国民の戦争ムードも一段と高まり、「撃ちてし止まん」「滅私奉公」など戦意高揚のためのポスターが、いたるところに貼りだされた。

また流言蜚語やスパイ防止のための「壁に耳あり、障子に目あり」などのポスターも貼られた。真珠湾攻撃や昭和一七（一九四二）年のシンガポール陥落などでは、旗行列や提灯行列をして部落内を廻った。

しかし勝ち戦謳歌の陰では、物価統制や軍事費捻出のための公債、戦争保険の強制や月給取り、労働者、それに学生にまでも郵便貯金などを奨励するとともに、「石油の一滴は血の一滴」とか「欲しがりません、勝つまでは」などと国民に耐乏（たいぼう）生活を強要する一方で、人的資源の確保と称して「産めよ殖やせよ」と多くの子を産むことを奨励し、矛盾だらけの政策を押しつけた。また従軍兵士の一時貯金なども、債権にまわされた。債権の記載事項を記す。

大日本帝国政府

支那事変行賞

賜金国庫債券　三百円

○○○○　殿

第一、此ノ債権ハ右ノ者ニ対シ支那事変ニ関ス一時賜金トシテ交付スル為之ヲ発行ス。

第二、此ノ債券ノ元金ハ昭和三五年（一九六〇）四月一日迄ニ之ヲ保障ス。

第三、此ノ債権ノ利率ハ年三分六厘五毛トスル。

※　七条まであるが以下省略する。

昭和一五年（一九四〇）発行。

第二章　徴兵から沖縄戦への準備

一、徴兵忌避

明治三一（一八九八）年沖縄県に徴兵令が適用された。戦争に行くのを嫌がったり、働き手を取られるとの理由から右の人差し指を切断したり、目を傷つけたり、支那へ逃亡したり、移民などで徴兵を忌避した。

国頭郡の適齢者で明治三一年（一八九八）に清国に脱走していた一三人が、三五（一九〇二）年の夜、国頭間切奥村に帰ってきて捕まり、検事局へ送られたという（国頭村史）。

軍国主義が台頭し、若者が皆軍人に憧れた昭和の時代とは正反対であった。

ところが、徴兵忌避などで軍隊に行くのを嫌がる時代に、検査で甲種合格になった崎原栄正（崎原仲）明治三八（一九〇五）年生は、検査官の前で、「崎原栄正騎兵甲種合格万歳」と叫び検察官からほめられたという。

二、徴兵一号者と日露戦争従軍者

奥からの徴兵第一号者は明治一一（一八七八）年生、金城久信（仲ケ小）、知花高一（新屋小）、比嘉弥敬（比嘉門）、比嘉定吉（道繰リ）、糸満盛重（東リ糸満、森山定文（上桁）等六名で甲種合格は比嘉弥敬一人だったが、くじもれで入隊はせず補欠で一年の待機組だった。

従軍者は明治一五（一八八二）年生、金城親昌（上ン根）、上原直弘（新門小）、上原直次（大首里屋）等三名。

戦死者は、宮城松元（松下）、明治一五（一八八二）年生・陸軍伍長功七級勲八等、清国瀋陽省奉天会会戦で、明治三八（一九〇五）年六月二五日戦死、享年二三歳。

糸満盛清（阿舎木ン後）、奥では海軍主計准尉といわれていたが、糸満家の墓地（奥在）の墓碑（高さ五〇センチ幅一五センチ角の石柱で御影石）には「故海軍主厨糸満盛清之墓」としかなく、戦死場所や年月日、階級等は記されていない。甥の盛彬氏によると、この墓碑は当時の海軍省から贈られたとのこと。

余談だが第一回目、明治三一（一八九八）年の国頭村からの入営者は、奥間一人、桃原一人、宇良一人、辺戸一人、宜名真二人、安波二人で、明治一一（一八七八）年戊寅の年に生まれたので、「寅年生まれの一番兵」とよく口にされたという。

徴兵検査合格者には、小学校教員が中心となって普通語を教え、住所氏名や簡単な手紙のやり取りができる程度の文字の練習や、予備教育が行われたという（国頭村史）。

沖縄からも新兵として、福岡連隊に二四名が入隊した。しかし普通語が出来ないために新兵教育は大きな支障をきたしたという。

上原直平（前蔵ン根）は、日露戦争の予備役として熊本連隊へ入隊している。その間に生まれたのが長男の勇吉である、勇吉の「勇」の字は、当時の元帥上原勇作（宮崎県出身）の勇をとって、叔父の直吉（蔵ン根小）が命名したという。叔父勇吉の証言（島田隆久談）。ちなみに元帥が陸軍一七名、海軍一三名、大将陸軍一三四名、海軍七七名（「昭和の戦歴軍魂」より）

三、防空演習と竹槍訓練

昭和一八（一九四三）年頃からは、警防団、在郷軍人会、青年団、国防婦人会による防空演習も行われた。焼夷弾が落下したらニンブー（ねこぼこ）に水を含ませ、ふたりで両端を持って焼夷弾に被せて火を消す訓練や、水の入ったバケツを手渡しで運ぶバケツリレーや、爆弾が投下されたら爆風から耳や目を守るために、両手で耳と目を押さえて伏せる訓練もした。

それに在郷軍人や青年団が、わら人形を敵に見立てて、竹槍で突き刺す訓練なども行われた。いま思うと幼稚で馬鹿げたことだったが、当時はみなが真剣だった。

四、兵隊見送り

戦争が拡大するにつれ、出征兵士の見送りも多くなった。徴兵検査の適齢年齢も二一歳から二〇歳に引き下げられた。

昭和一二(一九三七)年から一八(一九四三)年頃までは、ヘイタイマカネー(兵隊賄い)といって、親戚関係が現役入隊者を各家庭に招き、夕食を賄って激励した。また一二年〜一八年当時は標準語励行が厳しい時代で、今まで方言で布令していた字からの伝達事項も、標準語になり字の小使(ウペー)も今まで「ヘイタイミオクリーンカイ、イジンソーリヨーイ」と布令していたのを、「兵隊見送りに出てください」となった。

※標準語励行のために沖縄各地の学校で用いられていた罰札として「方言札」が使われた。方言を使うと次に使う人が現れるまで、『方言札』と書かれた板を首からぶら下げる決まりであった。

「明治四〇(一九〇七)年ごろから昭和初期に入り盛んになった皇民化政策の一環でもあった。沖縄戦時に言葉が通じないことで不幸な誤解を受けた教訓や、標準語が話せなければ本土(ヤマト)で就職や生活するのに差支えた歴史もある。」

見送りは、主にシーバー入口の広場で挙行され、日の丸の旗や、「祈る武運長久」と大書した幟などを立て、太鼓をたたき勇ましい軍歌をうたって、在郷軍人、青年団、国防婦人会、生徒など部落民総出で盛大に見送った。

また国防婦人会が中心となり、一針一針縫って集めた千人針のお守りを送って武運を祈った。「千人針に真心を込めて私は送るのよ」という歌の文句もあった。

船（奥共同店所有の伊福丸）からの場合には、浜入口で見送った。伊福丸四五トンは、昭和一九（一九四四）年の一〇月一〇日の空襲で、米軍機によって撃沈された。

那覇まで行って見送る家族もいた。

それから当時の区長や校長先生が出征兵士に送る言葉も、「銃後は私たちが一丸となって守りますので、心おきなく天皇陛下のため、国家のために、一身を投げ打ってご奉公ください」との内容のものであった。

それに対して出征兵士の挨拶も「天皇陛下のため、国家のために手柄を立てて名誉の戦死を遂げる覚悟であります」と勇ましいものだった。最後に出征兵士の武運長久を祈り、万歳を三唱し別れの盃を交わして見送った。

時には一部の人たちがシーバー（奥の地名）のチジ（頂上）や宜名真入口の松の木の下まで見送ることもあった。宮城安将（田ン原仲）さんはハブに咬まれ体が不自由で軍隊に行けなかったので、いつも率先して太鼓を叩いて音頭をとる役目だった。

彼が音頭を取る軍歌は決まって「天に代わりて不義を討つ（日本陸軍の歌『軍歌集』）」だけだったので宜名真の人たちは、その人に「天に代わりて」という渾名（あだな）をつけた。

軍歌「日本陸軍」作詞・太田健樹

一、出征
天に代わりて不義を討つ
忠勇無双の我が兵は
歓呼の声に送られて
今ぞ出で立つ父母の国
勝たずば生きて還(かえ)らじと
誓う心の勇ましさ

二、斥候兵
或いは草に伏し隠れ
或いは水に飛び入りて
万死恐れず敵情を
視察し帰る斥候兵

肩に懸（かか）れる一軍の
安危はいかに重からん

三、工兵
道なき道に道をつけ
敵の鉄道うち毀（こぼ）ち
雨と散りくる弾丸を
身に浴びながら橋かけて
我が軍渡す工兵の
功労何にか譬（たと）うべき

※四番以降は省略する。

士気の高揚や、陸海軍を讃える歌が続々と作られ、明治三七（一九〇四）年七月に発行されたこの歌も、そうしたものの一つで「一、出征」「二、斥候兵」「三、工兵」「四、砲兵」「五、歩兵」「六、騎兵」「七、輜重兵（しちょうへい）」「八、衛生兵」「九、凱旋」「十、勝利（平和）」と一〇章にわたって、日本陸軍の姿を具体的に描いている。出征の項が特に応召（おうしょう）する兵士たちの歓送歌として、支那事変の頃にリバイバルした（「日本陸軍名曲百選」その二より）。

こうして出征した人たちの中には、生きて再び故里の土を踏むことのない多くの犠牲者がいた。

それから昭和一七（一九四二）年頃までは、二ヶ年の兵役を終え満期除隊になると、陸軍は「星」、海軍は「軍艦旗のマーク」入りの盃を「兵隊土産（ピータイマーギ）」として親戚などに配った。

「兵隊迎え（ピータイムケー）」は、主にシーバー入口だったが、時にはウプドー（奥の地名）までも行って迎えた。当時は何かにつけよく万歳を三唱させられた。当時、新垣森定（山畑小）は、どこで酒を飲もうが酔っぱらって家に辿りつくまでに、何十回となく万歳を連呼したので「万歳老爺（バンザイウンメー）」と渾名がつき、屋号までもバンザイ屋の愛称で呼ばれた。

第三章　郷土の防人として

一、近づく沖縄戦への足音

昭和一二（一九三七）年に勃発した支那事変も泥沼と化す中、ついに昭和一六（一九四一）年一二月八日米英に対する宣戦が布告され、太平洋戦争へと突入し沖縄戦への足音も刻々と近づいてきた。これから先は軍事一色の青年時代となった。

昭和一八（一九四三）年頃からは敵の潜水艦やＢ24爆撃機が沖縄周辺にも出没し、南方に軍事物資を輸送する船舶が撃沈され、船の残骸や油、積荷などが磯や浜辺に漂着した。

僕の家はユッパ（地名）に田圃があったので、僕は海岸伝いに二キロ近くの道をいつも仕事に行っていた。行き帰りには何か流れ着いていないかと気にかけていた。杉の角材や梅干し、福神漬けの入った樽なども流れ着いていた。梅干しなどは見たことも食べたこともなく、食べてみたら酸っぱくてとても食えなかった。ある日のこといつもの通り仕事に行く途中のユッピ岬の礎に青く塗られた格子戸があった。近づいてみるとすぐ傍の岩の間に死体が流れついていた。死体は暁部隊の兵士で、上下のつなぎの服を着ており、地下足袋をはいた両足首はあったが、服から出た首から上と両手首はなかった。

ポケットの軍隊手帖には、暁部隊陸軍兵長小寺省吾とあった。僕はすぐに部落へ引き返し、駐在の儀間巡査に連絡した。

その日の内に警防団（団長宮城親一）と青年団（団長宮城忠雄）が出て、フパダチ浜（奥港の西側にあるユッピ原の地名、奥で一番長く美しい浜）で一晩かけて火葬に付し、翌日には当時の青年団長が村役場に届けた。遺骨は無事に親元へ帰されたと思う。

僕の記憶では長野県出身となっているが、平和の礎（二〇一〇年六月確認）には岐阜県出身と名前が刻まれている。岐阜県の援護恩給班に問い合わせたら、個人情報の公開はできないとのことだった。

二、徴用はじまる

昭和一八（一九四三）年からは徴用も激しくなり、読谷、嘉手納、伊江島飛行場設営のため、男子は一六歳～三六歳、女子は一六歳から二五歳まで全県から徴用が行われた。一回目の伊江島徴用時には、芋や黒糖、落花生などもあってそんなに酷（ひど）くはなかった。

その後は段々と食糧や物資も不足し、芋や野菜類の食糧は各字から供出させられたものだった。農民は苦しい生活の中から、食糧の供出や徴用と軍への協力を強要された。供出された芋や野菜などは腐ったものやしおれたものが多く、まずい上に糧も少なかった。

食器も縦一八センチ、横一三センチ、高さ六センチくらいの松板で作られたもので、ちょうど共同風呂の湯桶みたいなものだった。川もなく水の少ない島では、きれいに洗うことも出来ず、乾燥も十分にしないので常に湿気をもっているので臭かった。たまの水浴びには北側の海岸の急坂を下りて岩の間から湧き出る水であびた。また、海中からも勢いよく水が湧き出ていた。

唯一の交通機関であるバスも、燃料は軍事優先となり木炭を使用して走っていた。速力もないので上り坂になると乗客が降りてバスを後から押したりした。台数も少なくほとんど徒歩であった。本部の渡久地港からは軍の上陸用舟艇で渡っていた。

昭和一八（一九四三）年には球部隊の一個分隊が奥国民学校一年生の教室に駐屯し、部落の男女が奉仕作業に駆り出され、ピヌ辺りからシド岬に向かって森の中腹の斜面に、幅約九〇㌢、深さ一㍍くらいの塹壕が掘られた。

いまにして思うと飛行機からの機銃掃射や艦砲射撃などでひとたまりもないのに、当時は鉄砲と精神力だけで勝てると信じ込まされ、米軍の軍事力や物量など知る由もなく、ただ軍部からの情報だけを信じるしかなかった。

昭和一九（一九四四）年には、沖縄守備軍司令官の渡辺中将と参謀長の北川少将が着任した。渡辺中将は、視察のため馬に乗って奥まできた。渡辺司令官は病気のためにその任を解かれ、北川参謀長も台湾へ転任した。後任は牛島中将が第三二軍司令官として、参謀長長勇少将とともに昭和一九（一九四四）年八月に着任した。

三、学童疎開の準備

昭和一九（一九四四）年六月頃から学童疎開がはじまった。奥国民学校でも六年生である昭和七（一九三二）年生から高等科二年（五年生まれ）の学童が疎開準備をしていた。当時は衣類などもキップ制で衣服などはほとんど手に入らず、つぎはぎだらけのものを着ていた。

宮城昌幸（親ン原）の話では、見知らぬ土地で子供たちが寒い思いはしないかと母が自分の着物をほどき、泣きながら着物や洋服に仕立てていたという。玉城恒秀（下門）の話では、自分より一つ年上の従姉の伊礼妙子（前田小）に、母が針と糸を渡しながら方言でウンチユーグワー（男子の末っ子の愛称）の服がほころびたら、縫ってあげてと頼んでいたという。宮城昭（宮里屋）、翁長林輝（林保屋）、上原秀元（蔵ン根）なども柳行李（ヤナギコウリ）に荷物を詰めたり、洋服の胸に名札をつけたりして準備をした。

上原秀元君（蔵ン根）は隣近所だったのでよく覚えているが、黒糖に麦の粉をまぶしたものや、飲み水を入れる一升瓶が割れないようにとアダンナーシ（あだんの気根でなった縄）を巻き付けて準備していた。そして疎開児童の送別会が豚をつぶして護国神社の広場で催された。隣部落の楚洲の児童も疎開準備をおえ、奥の伊福丸（奥共同店所有・四五トン）から那覇まで行く予定だった。

ここ（楚洲）でも母が自分の着物をほどき、泣きながら子供のために、仕立てなおしていたという。どこでも子を思う親心に変わりはない、これが一生の別れかもと、身を切られる思いだったのだろう。

昭和一九（一九四四）年八月二二日、疎開船「対馬丸」が撃沈され村民からも多くの犠牲者が出た。そのころは敵の潜水艦も沖縄周辺に頻繁に出没し、疎開も一旦中止になった。もし疎開が予定通り進んでいたら、奥や楚洲の児童からも犠牲者が出ただろう。一〇・一〇空襲後には再開され、台湾や九州方面に多くの児童が疎開した。昭和二〇（一九四五）年三月には奥にも勝連、浦添、大里、那覇などからの避難民が流入した。食べ物もなく慣れない山原の山中で大変苦労したと思う。

戦《いくさ》　凌《しぬ》ぐんで山原《やんばる》に避《ぬ》ぎて
食物《かみむぬ》やねらん飢《やあ》さ苦《く》りさ

乳呑《ちいぬ》み子《ぐわ》や負《う》ぶて荷物頭《にむちちじ》かみて
山原《やんばる》ぬ深山《みやま》逃《ひ》んぎ迷《まど》い

母親《うや》ぬ乳欲《ちいふさ》さし泣つる乳呑《ちぬ》み子《ぐわ》
肝苦《ちむぐ》りさあてん乳《ちい》ん涸《か》りて

四、護郷隊へ入隊

さて運命の日、一〇月一〇日の空襲で戦争の恐ろしさを実感した。その空襲後に畑中耕治少尉を隊長とする石部隊の薪炭（軍の炊事用）作業隊が奥に駐屯し、部落民総動員で炭焼き作業がはじまった。

僕たちは窯作りの段階で護郷隊の適性検査が辺戸の国民学校にあり、辺戸、奥、宜名真三ヶ字の一六歳から一九歳までの青年が集められた。検査とは名ばかりで、隊長の訓示だけで全員が合格であった。当時の四〇代といえば、老境の身であったが、その人達も防衛隊に招集され、老いも若きもみな戦場にかり出された。そして多くの隊員が妻子を残して亡くなっていった。

戦場《いくさば》にあてん片時《かたとち》ん忘《わし》み
照《て》る月《ちち》ゆ眺《なが》み妻子偲《とじくわしぬ》ぶ

また当時は食糧増産を目的に、一五歳から一九歳までの青年で組織された農兵隊があったり、小学校卒業と同時に少年少女が「勤労挺身隊」として、軍需工場に徴用されたりした。

護郷隊には、第一護郷隊（第三遊撃隊）隊長村上大尉と、第二護郷隊（第四遊撃隊）隊長岩波大尉があり、僕たちは第二（三九三名）に属した。第一中隊長は中島少尉、第二松崎少尉、第三畑少尉であった。その人たちはゲリラ訓練を受けた中野学校出身者だった。

奥からの一次入隊者は、宮城竹雄（門口）、比嘉久基（前仲ケ）、玉城修（鍋吉屋）、玉城恒正（田ン根）、西銘武夫（親文屋）、崎原栄信（栄文屋）、崎原栄三（栄口）、金城壮（金城）、宮城迅（迅屋）、神里勇（神里小）、上原信夫（直帯屋）の一一名。

また僕たちとは別に正規召集兵（常置員）の与那城定秀（与那城）、宮城達夫（親ン原）、伊礼宗雄（前田）の三名がいた。

僕たち一一名は、昭和一九（一九四四）年一〇月に名護国民学校へ入隊した。

昭和二〇（一九四五）年には、徴兵適齢年齢も二一から二〇歳に引き下げられ、一次入隊者からは崎原栄信、宮城竹雄、西銘武夫、玉城恒正の四名が現役入隊したが、宮城竹雄（門口・大正一五年四月一七日生）、西銘武夫（親文屋・大正一五年一一月一二日生）、玉城恒正（田ン根・昭和二年三月二二日生）の三名が戦死した。また一次入隊者で、親しく付き合っていた安田、楚洲、宜名真、宇嘉などの現役入隊者からも多くの戦死者がでた。他に玉城修と神里勇は海軍志願兵として入隊したが二人は無事復員した。

五、苦労と飢餓の始まり

さて国の為にと喜び勇んで入隊し憧れの軍服を着たもののこれからが飢えと苦労のはじまり

だった。食器も持参でなるべく大きなものからといわれていた。当時すでに食糧や物資も不足し、名護の食堂もほとんどが閉店状態だった。そこで食堂の大きな「そば椀」を飯用と汁用の二つを買って持っていったら、椀だけが大きく中身は少なく昼夜行われる訓練で若者たちは、いつも腹を空かしていた。

それから潜入潜行と称する訓練で、名護、辺土名間の三〇余キロを、行きは県道を通り、帰りは午後三時頃に、名護岳目指して辺土名の山を出発し、山や谷を越え道なき道を潜行し午前二時頃に名護に着いた。士気高揚のために毎朝夕歌わされる護郷隊歌も、軍歌にしては何か物寂しい歌だった。

護郷隊歌

（その一）

一、運命（さだめ）かけたる　沖縄島に
　我等召されて　護郷の戦士
　驕敵（きょうてき）米英撃ちてし止まん

二、お召をうけて感激の日
死所を求めてあゝ死所得たり
郷土を守はこの俺たちよ

三、赤き心で断じてなせば
骨も砕けよ肉また散れよ
君に捧げてほほえむ男児

四、いらぬは手柄浮雲の如き
意気に感ぜし人生こそは
神よ与えよ万難我に

（その二）
一、太平洋の雲低く
神威の波の怒る秋（とき）
赤き血燃ゆる若人が

防人（さきもり）の任身に負いて
集（つど）える我等護郷隊

二、国防の基地沖縄に
突驕敵（きょうてき）の攻めあらば
鍛えし腕に銃とりて
墳墓の地をば守るべし
その名も我等護郷隊

三、大和男子と生れては
大義のために捧ぐべし
身は粉となり散らんとも
誉は永遠に残すべし
はげまん我等護郷隊

約四〇日間の訓練を終えて一時帰郷した。その間に先発隊が名護岳で、屋根と壁は茅で床は竹を編んだ掘っ立て小屋を設営してあったので、一二月にここに入り陣地構築などをした。その頃作戦参謀の薬丸少佐（鹿児島出身）が陣地視察にみえていた。しかしその参謀の名も平和の礎に刻まれている。

一月の中旬頃に陣地配備の変更があり、第二護郷隊は夜間に、恩納村の安富祖の山間に移動した。ここでも名護岳同様の掘立て小屋で、食器も伊江島徴用時の松板で作られた共同風呂の湯桶みたいなものだった。

六、陣地構築の日々

恩納岳を拠点に石川岳、楚南、山城、名嘉真岳などでの陣地構築に明け暮れていた。陣地とはいうものの蛸壺や山の斜面を掘り下げて上から桟をわたし、それに茅を載せその上からさらには落葉を被せ偽装するだけのものだった。昼間はその中に隠れ、夜になると敵陣にゲリラ攻撃を仕掛けるという作戦だったが、何の役にも立たなかった。

七、芋粕（ウムカシー）カステラの思い出

奥では、芋を練りそれにダシやニラ、ネギなどを入れて雑炊にしたものを、ウムカシー（芋雑炊）といった。中南部では芋から澱粉を取ったあとの絞り粕をウムカシーと言っていた。

陣地構築中のある日、具志川出身の者と二人で畑の中の一軒家に立ち寄ってみると、中に四〇歳代の女の人がいたので、そこで少し休むことにした。その人が僕たちにウムカシーを食べるかときくので、僕はてっきり奥で食べていたウムカシーと思っていたら、出されたのは芋粕で作ったカステラだった。

毎日腹をすかしていた僕たちには、最高のご馳走であった。またその人は僕たちを見て防衛隊にとられた夫と志願で軍隊に行ったという息子のことを思い出したのか、涙ぐみ悲しそうにしていた姿が今でも目に浮かぶ。

八、橋梁の破壊

敵の進行を妨害する目的で、二月か三月頃に石川橋で六センチ角ぐらいの黄色薬(火薬)を靴下に詰め、これをいくつかつないで橋桁に巻きつけ爆破する訓練をした。実際に爆破したのは、どこの部隊かは知らないが、四月頃には爆破されたようだ。石川と南恩納の橋が破壊されていたが、物量と機動力に勝る米軍はすぐに橋を架け直し、ほとんど支障を来さなかったと思われる。

九、歩かされた病人

ある雨の日、恩納岳で陣地構築中にぬかるんだ斜面で滑り、手のひらに竹の切り株が刺さり、四、五日休んだことがあった。衛生兵もいなければ、薬品もなかった。二日程たった頃に、どこの部隊からか衛生兵が巡回して来た。傷を見せたらヨードチンキだけつけて終わりだった。その衛生兵のズボンの膝のあたりに古い靴下を当てて、繕ってあったのが印象に残っている。

名護の三高女の崖下に野戦病院があった。車などの乗り物はなかったので、診療や治療に行く病人も、四、五名一度にまとめて、恩納村の安富祖から名護までの道を歩かされた。金城武四郎（徳門仲ケ）は、沖縄県立農林学校を卒業し満州に渡ったが、徴兵検査適齢期のため、本籍地の奥に帰り検査を受けた。本土入隊のため日本軍の潜水母艦「迅鯨（じんげい）」に乗り、本部港に停泊中に一〇・一〇空襲に遭って「迅鯨」は沈没し、一三五名が戦死した。金城武四郎も負傷し名護の野戦病院に搬送された。

当時三中一年生の私（直帯屋）達も、三中健児隊として船から降ろされる負傷者を病院まで運ぶ仕事をさせられた。肩や背中あたりから血を流した負傷者を運んでいる途中に、見覚えがあったのか「あなたは奥のかたですか」と聞くと、「徳門仲ケの武四郎だ」と答えたという。

その後、傷も治り六ケ月後には現地部隊に配属されたが、昭和二〇（一九四五）年六月一一日に真壁で戦死した。

※本部港入口に、潜水母艦「迅鯨」の鎮魂碑が遺族により二〇〇〇年に建立された。毎年慰

霊祭が行われていたが、二〇一〇年に最後の慰霊祭が行われたが、現在も残る。

一〇、玉城恒治君の思い出

ある日、名嘉真岳での陣地構築作業を終え安富祖に帰る途中、僕たちのすぐ前で軍用トラックが止まった。見ると少年飛行兵に入隊のため、那覇に向かう玉城恒治（恒享屋）が荷台に乗っていた。話する間もなかったが、崎原栄三と二人で餞別として五〇銭ずつあげた。

当時お金があっても自由に外出できないし、そもそも買う物も店もなかった。一五歳の恒治が寂しそうにトラックの荷台に座っていた姿を今でも思い出す。

すでに制空権と制海権は米軍の手中にあり、本土に渡ろうにも船はなく、ただあてもなく待機させられ、そのまま戦いに巻き込まれて行ったのだろう。いま思うと山原に逃げ帰っておればよかったのにと思ったりするが、当時の軍国少年には「逃げる」と言う気持ちなど毛頭なかった。いまではすべてが結果論でしかない。

これも名嘉真岳で作業を終え、帰る途中のことである。その日は運よくトラックに乗せてもらった。瀬良垣部落にさしかかると、当時嘉手納にあった沖縄県立農林学校農業専科訓導養成所に通っていた上原辰也（前蔵ン根）が、荷物を担いで奥に帰る所に出会った。

トラックの上から名前を呼ぶと振り向いたが、話をする時間はなかった。あれが後に防衛隊で亡くなった上原辰也との最後の別れとなった。

昭和二〇（一九四五）年二月には、第二次入隊者が熱田国民学校に入隊し訓練がはじまった。奥からは、新城健（新城屋）、糸満盛昭（糸満小）、宮城長栄（栄屋小）、中真浩（上原）、比嘉久雄（溝畑仲）、上原秀昭（蔵ン根）、平良保二（井ン根小）の七名だった。慌ただしい訓練を終え三月の初めには、安富祖の部隊に配属された。

一一、家族との面会で一次帰郷

二月中旬頃のことと思うが、隊長の計らいで訓練と称して一泊二日の日程で、家族との面会のため帰郷した。民間の交通機関などはなく、安富祖から奥まで歩き通す覚悟で、朝早く出発した。幸い途中で軍のトラックに乗せてもらったりして夜中に奥に着いた。帰郷者は与那城定秀（与那城）、宮城達夫（親ン原）、伊礼宗雄（前田）、崎原栄三（栄口）と僕の五名だった。翌日は定秀さんの家で山羊汁のご馳走になり慌ただしく帰隊しなければならなかった。

第四章　護郷隊戦記

一、情報収集

昭和二〇（一九四五）年の三月になると、空襲や艦砲射撃がますます激しくなり、三月二五日ついに甲号戦備が下令された（乙号と丙号があった）。

それと同時に一中隊から玉城清寛兵長（安波）を班長として、具志川出身の仲座方林、石川出身の伊波政治と僕の四名が、情報収集班として美里村の楚南に派遣された。行く途中の伊波の製糖工場の焼け跡では、砂糖の残りらしき物がぶくぶくと燻っていて、豚も一頭逃げ惑っていた。

楚南には二月の陣地構築中に宿泊していた瓦屋根の家が、爆撃は受けていたが、焼けずに残っていた。僕たちはそこで寝泊まりすることにした。陣地構築中には母親と一五、六歳の女の子が住んでいた。疎開するときに残して行ったのか、甕の中には塩漬けの豚肉が少し残っていた。鶏も一、二羽逃げ惑っていたので捕まえて豚肉とごっちゃ煮して食べた。楚南に着いて二日ほどして、班長には以前に知らされていたのだろうか。部落から離れた場所に米俵が隠匿された洞穴があるというので、二人で確認に行ったら松林の崖下の浅い洞穴に何の被いもせずに、朝鮮カマスに入った一〇俵ほどの米俵が置かれていた。おそらく黴（かび）していたと思う。

その谷間には老人と女子ども一五人ほどが避難していた。その日は確認だけしてそのまま帰った。二、三日後に艦砲射撃も激しい夜道を、今度は僕一人で確認に行かされた。夜目にも白い石灰岩の砕石が敷かれた農道や、竹や蕨（ワラビ）の生い茂る松林を歩き行ってみると、先日確認した米俵は一俵もなく、避難した人たちの姿もなかった。

食糧も不足しているのに、なぜその米を利用しなかったのか？　それとも敵の後方攪乱を目的とするゲリラ隊の食糧として、各拠点に隠匿してあったのか、今となっては知る由もなければ、その確認状況を本隊に伝達した記憶もない。

艦砲の激しかった夜道を一人で歩いたことを思うと、恐怖心はもちろんのことだが、それにもまして寂しさや空しさ、惨めさなど一概には言えない複雑な感情だった。

艦砲や空襲もますます激しくなる一方で、パーンと軍艦からの発射音がして、シュルシュルと物凄い音を立てて撃ち込まれた。中には着弾してもプスッと土に刺さる音だけの不発弾も多かった。それからは楚南部落裏山に掘られた壕に移ったが、その頃から壕や岩穴には嘉手納飛行場などから退却してきた防衛隊などが潜んでいた。

僕たちの情報収集源は東恩納方面の岩山の上にあり、若い少尉を隊長とする石部隊の無線班だった。岩山の下は大きい自然壕で、中には多くの避難民がいた。

そこで収集した情報を屋嘉班に中継し、ここから石川岳へ、そして恩納岳の本隊へと伝達した。情報収集といってもただ口頭で伝えるだけで、ほかに手段はなかった。こうした情報収集の間に寄り道して、具志川出身の仲座君の家に家族はいないと知りながら立ち寄ってみたりした。家は爆撃で半壊していた。中に入ってみたが食べ物などは何一つなかった、

当時の具志川国民学校の運動場と隣り合わせで、入口には馬の死体が横たわっていた。また屋嘉班に情報伝達の帰り、石川出身の伊波君の家にも寄ってみた。山手に大きな家が焼けずに残っていたが、中には何もなかった。彼の父は当時石川の区長をしていたと話していた。

ますます激しくなる艦砲の中を情報収集に行くと、石部隊の無線班は撤退していた。下の壕の避難民に聞いても誰一人知らなかった。

そのときはすでに敵は上陸し、無線班も本隊に合流したのか、他に情報網のない僕らには知る由もなかった。そしてそのことを屋嘉班に中継し、楚南に帰る途中、石川あたりで夜も明けて来た。艦砲や飛行機からの機銃掃射で昼の行動は出来ない。伊波城跡の自然壕に隠れて日の暮れるのを待った。

当時グライダーとか、トンボと呼ばれた米軍の軽偵察機があった。その軽偵察機が上空を何回となく旋回しているので、壕の中からおそるおそる覗いて見た。そしたら上半身裸の米兵が窓から身を乗り出して地上を偵察しているのが見えた。

それが旋回した所には必ず砲撃があると言われていた。それから午後の四時か五時頃になって、ごうごうと物凄い音がするので、岩穴から東恩納あたりを見ると、一台の戦車が見えた。その前

を四、五人の兵が立ち止まったり、しゃがんだりしながら進んでいるのが見えた。今にして思えば地雷探知機を使って、地雷を探索しながら進んでいたのだろう。戦車の後には多くの兵士が続いていた。それを見たときには、もうこれまでと生きた心地はしなかった。

すでに敵は上陸し石川方面まで進撃しているのに、情報網のない僕らにはなす術もなかった。もう楚南に戻ることも出来ず、日の暮れるのを待って城跡裏の石川ターブック（田圃地帯）に下り田んぼを横切り、石川部落を通り屋嘉の山手の壕に入ると楚南にいるとばかり思っていた班長とほか一名の者は、楚南を撤退し壕の中にいた。

二、突撃命令

少し休み夜が明ける前に石川岳に向かって出発した。途中向かいの谷に下りるのに約二米幅の稜線をよぎらなければならなかった。向かいには敵が潜んでいると見て着剣をし、手榴弾の安全ピンを抜いて班長の突撃の命令で突っ込んでいった。山は新緑のころで椎の木や伊集の木の新芽が芽吹いていた。もし敵がいたなら、自ら進んで死に突っ込んだようなもので全員が死んでいただろう。いま思うと本当に馬鹿げた稚拙な行為だった。軍隊では上官の命令は絶対服従だった。ピンを抜いた手榴弾は投げずにポケットに入れて持っていたので、何かの衝撃でいつ爆発するかもしれないので、班長に聞いたら捨ててもいいと言うのですぐ捨てた。手留弾はピンを抜いて信管を銃の床尾板や、傍の石などに打ちつけて発火させ投げるものだった。

石川岳で二中隊から派遣された隊員と合流し恩納岳を目指し出発した。夜を徹して歩き、夜が明けるころには南恩納あたりの稜線に着いていた。そこからは伊江島や名護湾が一望でき、一帯の海は何百もの敵艦船で埋まっていた。これを見て誰かが自暴自棄になり、そのまま艦砲の直撃を受けて死んだ方がましだと弱音をもらした。昼間は山中に隠れ、夜になって出発し翌朝に本隊と合流した。

三、最初の夜襲

三小隊は小隊長以下、一〇名ほどの隊員で、伊芸方面に夜襲に出た。部落はずれには米軍が煌々とライトを照らし、ブルドーザーや削岩機が轟々と音を立てて、道路工事か何かの工事をしていた。他の隊員は山の中腹に待機し、安波出身の玉城豊重（戦後病死）の二人は、よれよれの着物を着て避難民の格好をして、部落の山手にある集積所らしい幕舎を爆破するよう命じられた。

爆薬は松板の箱に黄色薬を詰めたものだった。ドリルなどもなく、雷管を入れる穴を開けるのに箱に五寸釘を打ち込んで回して穴を広げ、これを何回も繰り返して穴を開けた。こうして開けた穴は、湿気を持つとちぢみ雷管がなかなか入らなかった。雷管には二〇㌢ほどの導火線がついていて、先端をセロハン紙で巻いて防水した。その日は小雨で湿気があり、雷管が入れにくかった。

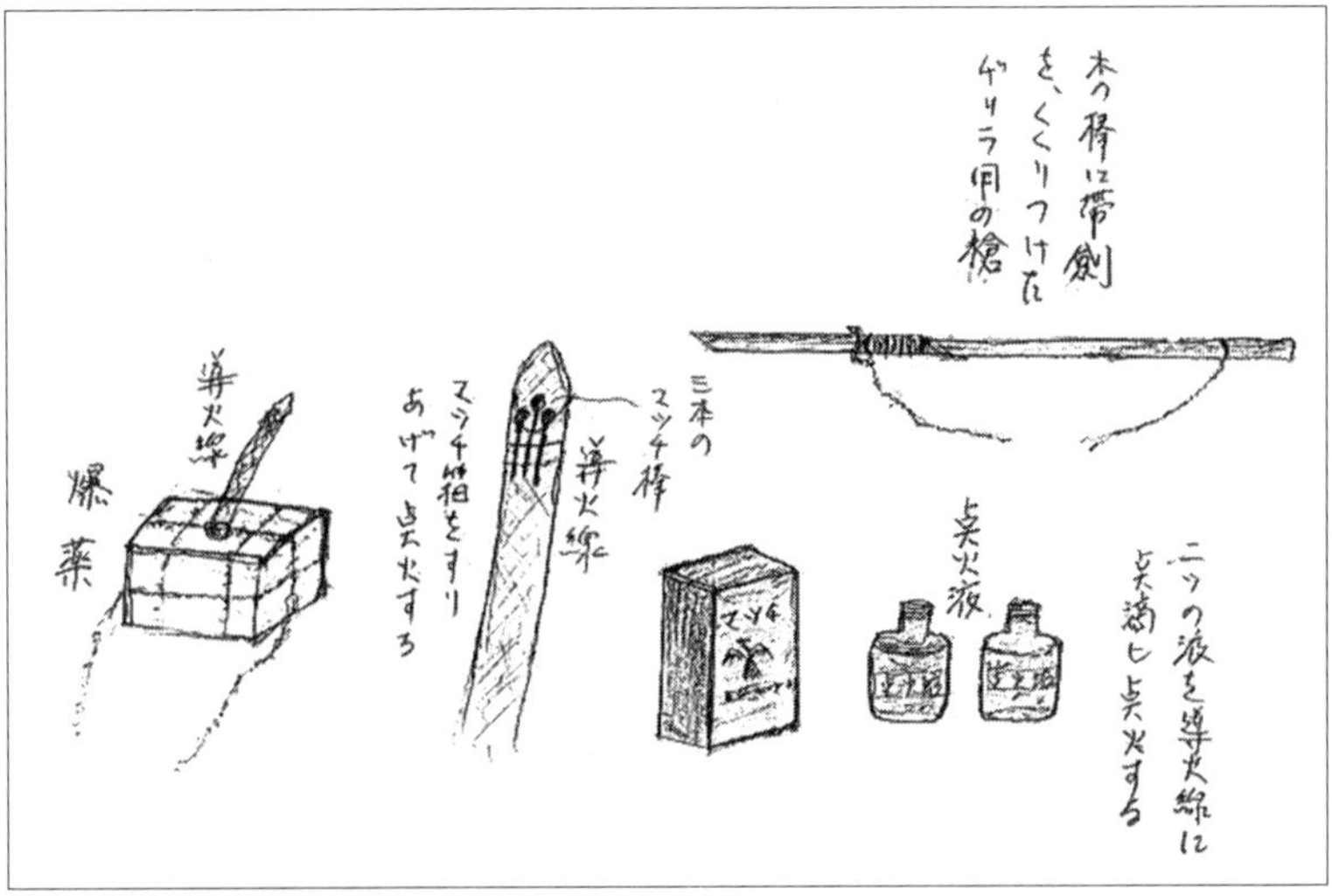

ゲリラ戦用の装備（作：上原信夫）

無理に入れると暴発するおそれもあったので、小隊長にそのことを言うと、他の隊員のものと取り替えて持たされた。

暗闇の中、上り坂の農道を通ってしばらく行くと、何も持たない三、四名の防衛隊らしい人達に合った。その人達の話では、この先には米軍が駐屯していて、先には進めないと言うので引き返し、その旨を小隊長に報告してその日は引き揚げた。

四、金武方面への夜襲

それからしばらくして、一中隊へ金武方面への夜襲攻撃命令が出て、中隊長・小隊長以下三〇名程の隊員が各小隊から選抜され、夕方に恩納岳を出発し金武の製糖工場に着いた。

工場は爆撃で破壊されていたが、一部は残っていた。敵の陣地は工場の裏の岩山にあった。本隊は工場に待機し、僕たち三小隊は先発隊として敵陣へ向かった。背中には松板の箱に詰めた一〇キロの爆薬を背負い、銃は持たずにゲリラ用に自分たちで作った一メートルぐらいの堅い木の棒に帯剣を紐で巻きつけて槍状にしたのを持ち、キビ畠の中を匍匐（ほふく）前進で進んだ。

しばらく進むと岩と岩との間に天幕を張った陣地があった。敵の歩哨兵が気づき何か大きな声で叫んでいた。すると先頭の小隊長が、機先を制して手榴弾を投げつけた。

爆発音に騒然となった敵は、すぐに体勢を立て直して照明弾を打ち上げ、曳光弾（えいこうだん）や機銃で反撃してきたので、キビ畠の中の溝を這うようにして退却した。

背負った爆薬の箱がしっかり固定されてなく、揺れるので余計走りにくかった。ようやく本隊の待機する製糖工場へ逃げ込んだ。真っ暗闇の中の隊員を敵と間違い騒然となった。合言葉は「一人一〇殺一戦車」だったが大混乱でそんな合言葉がいえる状態ではなかった。負傷者も出た、衛生兵はもちろん、薬と名のつくものは何一つなく、三角布という風呂敷みたいなもので、止血したり傷口を巻いたりして応急処置をしていた。

五、第三小隊長の手記より（1）

前略、夜間に乗じて敵陣地に接近した。

やっと敵の歩哨の立っている鉄条網の切れ目に接近したとき、どうやら敵に感づかれたらしい。

歩哨兵が英語でペラペラ喋りだした。手榴弾の爆発音に敵は騒然となった。

わたしは抜刀したまま敵の幕舎に迫った。敵の機関銃兵の一人が、袋毛布にくるまったまま横たわっている。機銃は側に置いたままである。さぁこの機銃を分捕れと後を振り向いた。ところが私の後ろには誰一人ついていないではないか。そこで私は身の危険を感じて後退せざるをえなかった。

不意を突かれた敵も体勢を立て直したのか曳光弾を私を目掛けて撃ってきた。私は畑の下水溝の中を身をかがめて進み、製糖工場のコンクリート壁の陰に飛び込んで危うく難をのがれた。（以下略）

六、再び金武方面への夜襲

それからしばらくして、再び金武方面への夜襲に出動した。日が暮れて恩納岳を下り、広い林道を通って平坦な松林に着いた。ここで待機し、中隊長と小隊長他三、四名の隊員が偵察に出た。しばらくして大きな爆発音がした。小隊長が敵の仕掛けた地雷にふれ、両足に傷を負った。この爆発音に敵が気付き攻撃してきた。小銃弾がピューピューと飛んできて、自分の周りの土にプスプスと音を立てて突き刺さる。

ここを撤退して、夜明け前に恩納岳にたどり着き、堀立て小屋で寝込んでいた。すると突然銃声がした。敵は僕たちを尾行してきたのか、伊芸部落側から上がってきていた。

稜線で監視に当たっていた下士官が銃撃で戦死した。すぐに機関銃隊が稜線に上がり反撃、敵は伊芸方面に退却したが、傷ついた戦友を抱きかかえているのが見えた。

しかし翌日には敵の戦車が伊芸部落に出動し、恩納岳に向かって戦車砲や追撃砲で激しく攻撃してきた。死傷者も出た、安田出身の比嘉直もこの時戦死した。

七、第三小隊長の手記より（2）

再び金武方面の夜間攻撃に出動したときのことである。中隊長の要請で中隊の出撃経路の案内役として、中隊長と行動を共にすることになった。

やがて松林の近くに来たので、松林の中を通ろうと松の小枝を手で掻き上げた途端に、敵の仕掛けた地雷が大きな爆発音を立てて爆発した。

私は地雷の爆発でその場に倒れた。その爆発で味方はバラバラになってしまった。しばらくして我に返ってみると、両足に痛みを感じた。手で触ってみると血でべっとりと濡れていた。どうやら相当の失血らしい。出血のため喉が渇いて水がほしい。痛む足を引きずりながら水を探す。

県道の側溝が白っぽく光っているのが、夜目に鮮やかに見える。そのとき背中に軍刀を負っていることを思い出し、杖がわりにしようと手探りするが軍刀はない。

途方にくれていると、県道からコツコツと軍靴の音が聞こえてきた。身を伏せて夜空を透かして見ると、第一小隊の座安兵長（後戦死）が歩いている。すぐに呼び止めて背負ってもらい、中隊陣地にたどり着いた。

私の小隊の全員が無事であることを知って、安堵したためか、あるいは失血のためか私は気を失ってしまった。

やっと意識を回復したとき、私の当番兵の比嘉玉盛が持っていた黒砂糖を、口の中に入れてくれた。黒砂糖の甘味が体のすみずみまで染み通っていく。貧血で意識が薄らいでいた状態から、たちまち平常の意識に戻った。黒糖は本当に貴重なものだと、しみじみ思ったことである。（以下略）

恩納岳には第一陣地から第三陣地まであり、第一が東の屋嘉側、第二が西の安富祖側の第三陣地の中間にあった。第一陣地を撤退し、第二陣地には何日かいて第三陣地へ移動した。

何日かして敵の戦車が安富祖部落に進出し、戦車砲や迫撃砲での攻撃の後に、稜線伝いに上がってきて銃撃を加えてきた。戦死者も出た。前述の座安兵長もここで戦死した。

陣地と言っても雨露をしのぐ天幕や小屋などもなければ、壕などの遮蔽物もなく夜は木の下で、木の葉や竹の葉を敷いて寝た。

雨が降ると流れる雨水で背中は濡れるし、被った毛布も水を吸って重くなり寝ることも出来ず、じっと我慢するしかなかった。濡れた毛布は乾かすこともできず、重いので半分に切って持ち歩いた。

食料もますます逼迫してきた。防水もせずただガーゼの袋に入った乾パンもすぐに湿気をもち何の味もなかった。

鍋もなく乾パンの入った薄い大きなブリキの空缶を鍋代わりに使っていた。米も美味しく炊けるわけもなく、すぐに焦げてしまい焦げ臭くて固い。これに粉味噌や粉醤油をかけて食べたが、まずい上に量も少なかった。

八、特攻隊機

夜になると伊江島沖や名護湾、金武湾に停泊する敵艦船の灯が煌々と夜空を照らし、さらに特攻機の来襲を警戒しサーチライトで空を照射している。そこへ特攻機が飛来して来るとサイレンが鳴り響き、灯が消え対空砲が一斉に火を吹いた。その破片が恩納岳にも落下した。そうした捨て身の攻撃戦法も成功することなく、敵艦の炎上するのを見たことはなかった。こうして多くの若者が尊い命を散らして行った。

九、襲撃命令

当時、時計を持っている人はほとんどいなかったので、正確な日時など分からなかった。敵の攻撃のない日が何日か続いた五月のある日、一中隊へ瀬良垣、熱田、喜瀬武原、名嘉真一帯への襲撃命令が出て、中隊長以下二〇名ほどの隊員が出撃した。

昼間山中から偵察すると、瀬良垣あたりに県道を隔てて海側に天幕を張った陣地があった。日が暮れるのを待ち山を降り、県道まで近づき先頭の者が手榴弾を投げつけた。敵もすぐに機銃を掃射し、反撃してきた。

そこで比嘉親徳上等兵（安波出身）が腹部貫通銃創を負った。すぐに負傷者を担いで山へ退却した。敵の追撃もないので、途中で二本の木を切って脚絆（ゲートル）で担架を作ってそれに乗せて運んだ。止血薬や消毒液など薬と名のつくのは何一つなく、息を吐くたびに傷口から、泡の混じった血が吹き出た。

負傷者を四、五名の者が恩納岳の本隊まで運ぶことにし、他の者は襲撃を続けることにした。しかし警戒厳重な敵陣を襲撃することもできず、食糧も尽きてきた。そこで恩納岳の本隊に引き揚げることになった。その時はすでに安富祖、喜瀬武原間の横断道は封鎖されていた。

一〇、与那城定秀曹長の戦死

安富祖、喜瀬武原間の横断道を突破して渡ることにし、昼間は山の中に隠れて、日の暮れるのを待った。その頃は山桃（やまもも）の実る季節で、沢山の実が付いていた。それを取って食べながら待機した。その日は小雨が降っていた。

完全に日が暮れて渡れば良かったのに、まだ明るい六時頃に与那城第二小隊長を先頭に渡りはじめた。その時向かいの丘の敵陣地からの攻撃で、先頭の与那城小隊長が戦死した。

温厚篤実な方で隊員皆から慕われ人望の厚い方であった。生死の境地にある時こそ、人間の真の姿が見えるものである。

第五章　食糧も尽きて彷徨の民となる

一、気力だけで生きる

恩納岳を拠点として、楚南、山城、名嘉真岳での陣地構築や、情報収集班として楚南、石川、屋嘉など、また夜間攻撃などとほとんど毎日何十キロと歩かされた。

体力の消耗も極限状態の上に、充分な食べ物や睡眠もとらず、風雨にさらされながらも病気にもかからず、よくも気力だけで生きられたものと思う。

二、食糧探しが日課

それからは本隊に戻ることもできず、食糧も底をつき、食糧探しが毎日の日課となった。北部側へ移動し名嘉真岳に着いた。夜になって山を下りて、名嘉真部落に食糧探しに行くと部落はずれの川のそばに大きな穴が掘られて、米軍のチリ捨て場になっていた。そこでチリをあさって食べられそうな物は何でも食べた。缶の底に残ったヌルヌルしたものを食べてみると、甘くて大変美味しかった。終戦直後のアメリカの配給物資のジャムを食べてみて、あれがジャムだったと分かった。

またこれも缶に入った粟粒みたいのがあった。誰かがこれはアメリカの「若素（わかもと）」だと言った。当時若素は栄養剤として重宝がられていた。これは元気のもとだと口にいっぱい入れ、食べてみると匂いは少し若素の感じがしたが、変な味がしてとても食べられるものではなかった。

これもジャム同様、戦後になって膨らし粉（イースト菌）だったと分かった。

これを沢山食べていたら腹の中で発酵し、腹が膨れていたのではないかと、いまにして思うのである。

三、偶然同郷の老婆に合う

いつものように、何名かで名嘉真部落に食料探しに行く。村はずれの丘の上の畠には、芋や大豆が残っていた。これを取って帰る途中、川のそばに焼け残ったセメン瓦の家があった。ここで少し休むことにし、中に入ってみると一人の老婆がいた。話を聞くと、もう年だしアメリカーに捕まってもいいからと、ここに残っているとのことだった。

崎原栄三（栄口）、新城健（新城屋）と僕ら三名が奥言葉（ウクムニー）で話すのを聞いて、あなたたちは奥の人かと聞いた。そうだと答えると、実は私も奥の生まれで、名嘉真に嫁いで来たとのことであった。そのときは詳しい話はしなかったが、戦後になって聞いた話では、栄三の祖父（崎原栄正）の妹で、宮城浜次（ペーチン屋）の母（ゴゼイ、慶応四年生）で、浜次を生んだ後に名嘉真に嫁ぎ、昭和三六（一九六一）年一月、九三歳で亡くなられたと聞いた。本当に偶然の出合いであった。

さて話は横道にそれたが、夜の明けぬうちにとここを発ったが、山に着くころには夜も白々と明けてきた。すると分隊長がヤーサグサミキ（空腹でイラつくこと）もあってか、夜も明けるのに今まで何をしていたんだと、いきなり僕の下腹を二、三回蹴りつけた。

四、食糧調達で一時帰郷

食糧探しも、ますます厳しくなって来た。そこで一応出身地に帰り、食糧を調達して東村の有銘で合流することで、名嘉真岳を発ち各出身地に向かった。その頃から敵の警戒もあまり厳重でなく、二見、汀間、大湿帯、有銘と昼夜山道を歩き何日かして東村東部落に着いた。

山手に瓦葺きの家が焼けずに残っていた。ここで休むことにして中に入ってみると、一〇名程の避難民と防衛隊がいた。その中に本部の防衛隊から逃れてきた同郷の比嘉秀勝（秀勝屋）さんがいたが、行動は共にしなかった。新川小学校は大きな川のそばに焼けずに残っていた。そこから山道を通って美作開墾、安波、安田、楚州、伊江へと進み、そこで奥部落の避難場所を聞き、「ナナチグス」の避難場所に着いた。食べ物もない上に、何日も歩き通しで足も赤く腫れて痛かった。部落の人たちは被害も少なく、皆元気でいた。

話によると南方方面に向かう輸送船が部落東側の海岸に座礁し、積んでいた物資が乾パンや乾燥ジャガイモなどで、これを荷揚げして食糧の足しにして、大変助かったとのことであった。

僕たちも一〇日ほどそこにいて、食糧を調達して集合場所の有銘に向かって出発した。だが達夫と健の二人は、足の痛みで歩行困難となり、そのまま留まった。

有銘に向かったのは宗雄・栄三・僕と三名だけだった。海岸線や山道を歩き三、四日程で有銘に着いた。しかしそこから以南は米軍の掃討戦で進むことが出来なかった。

一週間ほど状況を見たが、有銘にも多くの敗残兵が逃れて来るので、僕たちも断念して奥の避難所へ戻った。六月末のことである。安波の避難小屋にいた中島中隊長も奥の避難所に移り、六月中旬に奥駐屯の畑中中隊へ合流し、九月二〇日同隊とともに降伏下山した。

第六章（終章）投降、収容所生活、歴史を振り返る

一、投降下山収容所へ

戦凌《いくさしぬ》ぐんで山に籠《くむ》たしが
戦世《いくさゆ》ん終《うわ》て山下《やまう》りる嬉《うり》しや

八月三日、部落民と共に下山した。大雨の日だった。辺戸の宇座浜まで家財道具を担いで歩き、そこからは米軍のトラックに乗せられ辺土名に収容された。

多くの奥の人々は、辺土名二〇八四番地の当山小に収容された。この家は、六八年経た現在でも残り、人が住んでいる。

辺土名では農作業や米軍の雑役などに従事させられた。焼け残った村役場が、辺土名地区（国頭村、大宜味村、東村）住民への配給物資の倉庫になっていた。僕た

ウッカーのピーを渡る奥の避難民（作：上原信夫）

ち五、六名の者は、ここで物資の仕分け作業に当たった。また当時は日本語を話すアメリカ人は大変珍しかったが、ラブレス[1]と言う語学将校(中尉)は、その頃から沖縄の方言も研究していて、年寄りの方々と方言で話し合っていた。もうその頃は、捕虜となって収容されていた兵隊や防衛隊も解放されて、出身地に帰されていた。

ある夕方、米軍のトラックから大勢の捕虜が降ろされた。その中に新城武夫(春定屋)、平良善三郎(辺戸出身)等もいた。また前述した腹部貫通銃創を負った比嘉親徳もいた。恩納岳を撤退するときに喜瀬武原近くで、米軍に助けられて治療を受け、回復したということだった。会ったときは何となく複雑な気持ちだった。

二、本隊も恩納岳より撤退(比嘉久雄談)

六月二三日、第三二軍司令官・牛島中将、参謀長・長少将は自決し、すでに組織的戦闘は終わっていたが、情報網もなく僕らには知る由もなかった。七月中旬、本隊も恩納岳を撤退して北部に移動した。東村の有銘部落の山中に、武器や弾薬を隠匿し、各隊員は出身部落に帰り、時の来るのを待てとのことだった。

国頭村出身者は一団となって、有銘から国頭山中目指して出発した。宮城迅(迅屋)、糸満盛昭(糸満小)、宮城長栄(栄屋小)、比嘉久雄(溝畑仲)、上原秀昭(蔵ン根)、中真浩(上原)、平良保二(井ン根小）の奥出身者七名は途中、照明弾を撃ち上げて警戒する敵の警戒網をくぐり抜け、疲労と飢えに耐えながら塩屋湾を泳いで渡り、伊地の山にたどり着いた。

避難小屋に潜んでいると、小屋に荷物を取りに来た伊地の人に会った。その人の話では奥の部落民は一週間ほど前に辺土名に収容されているとのことだった。その人は奥に親戚もいると言っていた。そしてその人が連絡を取り、上原秀吉（秀昭の父）と、宮城ハンド（迅の母）の二人が山まで迎えに来て、無事に山を降りた。

三、護郷隊の報酬

護郷隊の報酬は、昭和三八（一九六三）年頃に、字を通じて受け取った二ドル五〇セントだった。当時の一ドル三六〇円換算すると九〇〇円（昭和一九年一〇月から昭和二〇年八月までの分であった）。

四、護郷隊の碑

護郷隊の碑は恩納村の安富祖（クガチャ原高台）に、第二護郷隊の碑として、昭和五六年に建立され、七三名の尊い犠牲者が奉られている。

護郷隊の碑（恩納村安富祖）

五、戦中の思い出の地を訪ねる

平成一二（二〇〇〇）年に、戦中の思い出の地、金武や、伊波城跡、楚南、山城を訪ねてみた。金武の製糖工場跡にはビルが建ち、伊波城跡にはホテルが建ち跡形もなかった。

楚南部落は、米軍に接収された後に返還されたが、具体的な跡地利用の計画などがないのか、人も住んでなく、荒れ放題の状態だった。

陣地構築や情報収集時に、寝泊まりした家の屋敷跡も見たが、石垣囲いと大きなガジュマルの樹が残っているだけだった。

六、戦死者と未帰還遺骨

満州や中国、南方の島々や沖縄戦で奥出者一三〇余名の犠牲者を出した。しかし遺骨が帰ったのはわずかで、ほとんどの方々の遺骨が肉親の元に帰ることはなかった。

国ぬ為《たみ》すんで勇《いさ》み征《い》じたしが
死に場所《ばす》ん知《し》らん遺骨《くち》ん帰《け》らん

戦死者の遺骨が帰ってきて葬式をしたのは、僕らが記憶しているのは、昭和一四（一九三九）年八月二八日に中国與安北省ノモンハンで戦死した宮城長助（栄屋小・享年二三歳）の葬儀である。村葬として奥小学校校庭で行われ、知花高直村長はじめ多くの人々が参列して、大きな花輪が飾られた祭壇の前で厳かに行われ、葬儀後の花輪は墓に飾られた。また長助の妻（宮城カナ）と、叔父の宮城長芳（栄屋）の二人は、遺族として靖国神社へ招待され参列した。

もう一人は、昭和一五（一九四〇）年六月二三日に中国湖北省で戦死した島袋桃安（後ン当仲・享年二五歳）であるが、村葬は行われていない。ほとんどは昭和一五年から二〇年までの戦死者で、遺骨も帰らず葬儀なども行われていない。ちなみに、本土のある村の例をみると、昭和一二年から二〇年まで記載されており、一二年の葬儀費が九五円五〇銭、（一三年から一九年まで省略）二〇年が三七五円五〇銭とある。

国民学校で勤務した教師の犠牲者は、宮良善明先生（八重山出身）である。宮良先生は昭和一七（一九四二)年に師範学校を卒業して、最初の赴任地が奥国民学校だった。翌年、昭和一八(一九四三)年に海軍に現役入隊して戦死した。出征時には高等科一、二年生全員で、辺士名まで見送って行った。

また、宮城澄先生(那覇出身)は、昭和一八(一九四三)年まで勤務していたが、昭和二〇(一九四五)年に沖縄戦で亡くなった。

宮城美智(上ノ大屋小)は、女子師範二年生で、ひめゆり学徒隊として従軍し、昭和二〇(一九四五)年六月二三日に摩文仁で亡くなった。

七、糸満盛忠・辞世の句

戦争の犠牲者には、直接の戦死者や負傷者の他に、捕虜虐待など職務上の責任を押し付けられた多くの人々がいた。奥出身者でその犠牲になった人が糸満盛忠(シンガポール司政官)である。御遺族の了解を得て、巣鴨遺書編集会「世紀の遺書」より転載する(字誌「奥のあゆみ」参照)

糸満盛忠・辞世の句

元陸軍警部、昭和二二(一九四七)年一月一〇日、マレー半島クアランプールに於いて処刑、享年四七歳。

獄中の気晴らしに、作ってみたのだけれど、お笑い種に、一月一〇日糸満。

明一一日、午前六時四五分頃死刑執行

・敗戦の根本たづねて刈りつくし世界に樹てよ日の丸の旗
・戦犯に問われて吾は散るものを残る妻子は如何に聞くらん
・思いきや欺くも無残にひしがれて生にえの中に喘ぐ身の上
・妻や子は焼野ケ原の武蔵野に生き残れるや知る由もなく
・大海に飛び込みにける吾が子らに乗り切り得るやこの荒波を
・感謝せんあらしと貧に責められて耐え忍びける深雪の竹に
・絞首台の屋根の小鳥の声聞きてめいどの近き便りとぞ知る
・死んで良し生きて良いかは誰が知る総ては神の掟なりせば
・新年を祝ふは人の常なるに吾はめいどの旅路待つとは（元旦）
・監房の外にすだける虫の音も今宵一夜の別れ惜しみて（一月一〇日夜）
※人間（ひと）として夫や親としての身の至らざりしを愧ぢて消えなん
（一月一一日執行三〇分前）
※監房を出でて数秒スットンと音がこの世の別れなりけり　（死刑執行）

八、戦世（琉歌）

作詞　上原信夫
曲　カイサレー
唄三線　新城雄一
箏・ツラネ　照屋貞子

一、夫《うと》や戦場《いくさば》に妻《とじ》や家守《やーまむ》て
　知《し》らん山原《やんばる》にわらび連《ち》りて

二、戦凌《いくさしぬ》ぐんで山原に避難《ぬぎ》て
　食《かむ》る物《むぬん》ねらん飢《やー》さ苦《くり》さ

三、戦場にあてん妻子事忘《とじっくわくとわ》しみ
　知《し》る由《ゆし》やねらん肝《ちむ》にかかて

四、あたら一人《っい》産《な》し子《ぐわ》戦場《いくさば》に散《ち》らち

くらさらん親《うや》ぬ流《なが》す涙《なみだ》

五、国ぬ為《たみ》すんで勇《いさ》み出《い》じたしが
親《うや》ゆいん先《さち》に逝《いじゃ》る産子《なしぐわ》

六、戦世《いくさゆ》ん終《うわ》て平和《へいわ》なてうむぬ
又《また》とねん事《こと》にお願《にげ》さびら

九、産し子偲でぃ

作詞　上原信夫
作曲　砂辺孝真
唄三線　新城雄一

一、あたら一人《つい》産《な》し子《ぐわ》戦場《いくさば》に散《ち》らち
夜《ゆ》もすがら泣《な》つる親《うや》ぬ姿《しがた》ゝ

二、戦場《いくさば》に散《ち》たる産子年《なしぐわとし》ゆみば
眠《にん》らゝん夜半《ゆは》ぬ月《ちち》やさやかゝ

三、夢《いみ》に現《あらわ》りる産子面影《なしぐわうむかじ》や
幾世《いくゆ》重《かさ》ねてんあたるまゝにゝ

四、戦場《いくさば》ぬ苦労《あわり》忘《わし》て忘《わし》らりみ
八十歳《はちじゅうとし》経《ひ》てん我肝《わちむ》苦《く》りさゝ

一〇、戦場《いくさば》の《ぬ》哀り《あわり》

作詞　上原信夫
作曲　砂辺孝真
歌三線　新城雄一
箏　玉城弥生
笛　座波雪子

一、あたら一人《つい》産《な》し子《ぐゎ》戦場《いくさば》に散《ち》らち
夜《ゆ》もすがら泣《な》つる親《うや》ぬ姿《しがた》ゝ

二、戦場《いくさば》に散《ち》たる産子《なしぐゎ》年《とし》ゆみば
眠《にん》らゝん夜半《ゆは》ぬ月《ちち》やさやか

三、夢《いみ》に現《あらわ》りる産子《なしぐゎ》面影《うむかじ》や
幾世《いくゆ》重《かさ》ねてんあたるまゝに

四、戦場《いくさば》の哀《あわ》り忘《わし》て忘《わし》らりみ
八〇歳《はちじゅうとし》経《ひ》てん我肝《わちむ》苦《く》りさ

一一、父直帯のこと

父は、昭和一〇年から二〇年までの一〇年間、支那事変や太平洋戦争など戦時体制下の奥区で、区長を務めている。当時の戦争遂行という国策のもとに、軍への協力や戦時中の山中での避難生活を送る区民の安全保護のことや、降伏・下山のための米軍との交渉など、大変な心労があったと思う。

父は戦中の心境を次の歌に託して吐露している。

浮き草の身を此の世に移れかし
限りある身の力ためさん

忍ぶ忍ぶしやたがん忍ぶしが
忍ばらん忍びすしる忍び

父は米軍との下山交渉の際に米軍隊長から渡された「区民を下山させるための代表者である」との内容のメモ（証明書）を持っていた。他にも戦中の事から区の行政などに関することなどを、記録したと思われる書類などが、鞄に入れて保管していた。僕はそのまま保管されていると思っていたら、亡くなったときに棺に入れたとのことだった。大変残念である。

安富祖山間の護郷隊隊舎イメージ図（作：上原信夫）

五、関連資料

(1) 奥出身戦死者一覧（字誌『奥のあゆみ』および『礎』より）作成：宮城邦昌

番号	氏名	住所	屋号	生年月日 元号		生年月日 西暦	月	日	階級	死亡場所	死亡年月日（享年） 元号		西暦	月	日	(歳)
1	糸満 盛進	字奥	東リ仲ケ	大正	14	1925	3	10	兵長	沖縄本島城間	昭和	20	1945	4	20	(20)
2	糸満 盛徳	字奥	盛鄭屋	大正	8	1919			金洲二屯		昭和	21	1946	7	13	(27)
3	糸満 盛三	字奥	東リ糸満	明治	44	1911	12	21	防衛隊	首里方面	昭和	20	1945	5	27	(34)
4	糸満 盛一	字奥	盛助屋	大正	12	1923	2	13	兵長	ブーゲンビル島タロキナ岬北方５粁	昭和	19	1944	3	24	(21)
5	糸満 盛清	字奥	朝木後	大正	2	1913			海軍准尉							
6	糸満 盛忠	字奥	東リ糸満	明治	33	1900	12	19	警部	マライクアランプール	昭和	22	1947	1	11	(47)
7	糸満 盛昌	字奥	盛鄭屋	大正	1	1912	12	13	二等兵曹	ロンバック海峡北口	昭和	16	1941			(29)
8	伊礼 毅	字奥	前田小	大正	13	1924	11	9	兵長	首里	昭和	20	1945	4	20	(21)
9	伊礼 鉄夫	字奥	前田	大正	13	1924	1	16	伍長	中国湖南省宝広県双完凹北側高地	昭和	19	1944	10	1	(20)
10	上原 蔵盛	字奥	蔵ン根仲	大正	2	1913	11	19	雇	ビスマルク群島ニュグリテン島	昭和	19	1944	4	16	(31)
11	上原 辰也	字奥	前蔵ン根	昭和	3	1928	2	12	上等兵	真壁村名城	昭和	20	1945	6	15	(17)

番号	氏名	住所	屋号	生年月日 元号		西暦	月	日	階級	死亡場所	死亡年月日（享年） 元号		西暦	月	日	（歳）
12	上原　直秀	字奥	新門小	大正	10	1921	12	19	少佐	比島レイテ島カンホキット山	昭和	20	1945	7	1	(24)
13	上原　正夫	字奥	新門小	大正	14	1925	3	19	二等飛行兵曹	比島	昭和	19	1944	9	8	(19)
14	翁長　林助	字奥	翁長小	大正	6	1917	1	14	伍長	満州拉古海林	昭和	20	1945	8	14	(28)
15	翁長　林秀	字奥	翁長	大正	3	1914	9	20	伍長	伊江島	昭和	20	1945	4	20	(31)
16	我如古良雄	字奥	弥元屋	大正	14	1925	11	1	兵長	沖縄本島西原	昭和	20	1945	6	8	(20)
17	神里　健二	字奥	神里	大正	8	1919	1	8	上等兵	漢口二陸病	昭和	16	1941	11	4	(22)
18	神里　島一	字奥	神里	大正	5	1916	10	3	上等兵	本部町八重岳	昭和	20	1945	4	13	(29)
19	神里　定忠	字奥	前間	大正	8	1919	7	28	軍曹	ソロモン群島ファウロ島	昭和	21	1946	1	21	(27)
20	神里　武夫	字奥	上門	大正	12	1923	2	5	伍長	ブーゲンビル島タロキナ	昭和	19	1944	3	17	(21)
21	金城　川正	字奥	川ン端	大正	5	1916	4	18	伍長	伊江島	昭和	20	1945	4	20	(29)
22	金城久四郎	字奥	久四郎屋	明治	42	1909	9	6	上等兵	島尻方面	昭和	20	1945	5	25	(36)
23	金城　久助	字奥	仲ケ小	明治	45	1912	6	9	上等兵	真壁村名城	昭和	20	1945	6	20	(33)
24	金城　親良	字奥	上ン根仲ケ	大正	12	1923	8	20	上整	比島	昭和	20	1945	4	24	(22)
25	金城武四郎	字奥	徳門仲	大正	14	1925	9	15	上等兵	真壁村	昭和	20	1945	6	11	(20)
26	金城定次郎	字奥	前金城	明治	42	1909	9	7	兵長	沖縄本島大里	昭和	20	1945	5	23	(36)
27	金城　定松	字奥	西金城	明治	41	1908	5	13	上等兵	真壁村真壁	昭和	20	1945	6	15	(37)
28	金城　久正	字奥	仲ケ小	大正	7	1918	9	5	軍属工員	ソロモン	昭和	20	1945	1	12	(27)

29	崎原 治	字奥	栄口小	大正	9	1920	10	10	兵長	トラック島南南東約5粁	昭和	18	1943	1	20	（23）
30	崎原 栄保	字奥	崎原屋	明治	36	1903	7	24	上等兵	海南島	昭和	20	1945	6	10	（42）
31	島袋 敬	字奥	桃太郎屋	大正	12	1923	10	20	上等兵	真壁村名城	昭和	20	1945	6	10	（22）
32	島袋 射	字奥	栄元屋	大正	15	1926	7	3	兵長	中国湖南省宝慶県双完凹東方500米高地	昭和	19	1944	10	1	（18）
33	島袋 桃安	字奥	下屋	大正	4	1915	11	4	上等兵	胡北省大塘	昭和	15	1940	6	23	（25）
34	島袋 盛壮	字奥	桃助屋	大正	13	1924	11	1	上等兵	首里石嶺町	昭和	20	1945	5	6	（21）
35	新垣 春正	字奥	新地小	大正	5	1916	5	22	軍属工員	南洋群島	昭和	19	1944	7	1	（28）
36	新城 玉吉	字奥	新地	大正	13	1924	12	15	兵長	沖縄本島	昭和	20	1945	6	20	（21）
37	新城 春則	字奥	春則屋	明治	37	1904	11	4	上等兵	本部町喜瀬原	昭和	20	1945	4	15	（41）
38	平良 井八	字奥	井ン根	大正	15	1926	3	5	上等兵	西原村	昭和	20	1945	5	15	（19）
39	平良平次郎	字奥	平良小	明治	44	1911	7	25	上整	大村航空隊諫早分遣隊	昭和	20	1945	2	3	（34）
40	澤岻 邦雄	字奥	川口	大正	8	1919	8	23	中尉	ブーゲンビル島タロキナ	昭和	18	1943	11	9	（24）
41	沢岻 親英	字奥	上新屋小						兵長	北緯3度27分、東経154度0分 海面	昭和	18	1943	1	20	
42	沢岻 親俊	字奥	上新屋小	大正	11	1922	11	10	兵長	ビルマ国マンダレー	昭和	19	1944	10	15	（22）
43	沢岻親太郎	字奥	上新屋小	大正	12	1923	11	10	兵長	沖縄本島国吉	昭和	20	1945	6	20	（22）

番号	氏名	住所	屋号	生年月日 元号	生年月日 年	生年月日 西暦	生年月日 月	生年月日 日	階級	死亡場所	死亡年月日(享年) 元号	死亡年月日(享年) 年	死亡年月日(享年) 西暦	死亡年月日(享年) 月	死亡年月日(享年) 日	死亡年月日(享年) (歳)
44	沢岻　武夫	字奥	親文屋	大正	15	1926	11	12	上等兵	具志頭村方面	昭和	20	1945	6	19	(19)
45	澤岻武次郎	字奥	親孝屋	昭和	2	1927	9	1	水兵長	台湾北海面	昭和	19	1944	12	19	(17)
46	澤岻　武吉	字奥	親孝屋	大正	14	1925	10	2	兵長	沖縄本島牧港	昭和	20	1945	4	25	(20)
47	玉城　恒明	字奥	下門	大正	12	1923	6	25	三等水兵							
48	玉城　恒正	字奥	田ン根	昭和	2	1927	3	22	上等兵	西原村方面	昭和	20	1945	4	23	(18)
49	玉城久次郎	字奥	田ン根	大正	7	1918	12	26	伍長	ブーゲンビル島タロキナ	昭和	19	1944	3	24	(26)
50	玉城　キヨ	字奥	田ン根	大正	10	1921	7	25	奥住民	国頭村奥、戦闘機の機銃掃射で被弾死	昭和	20	1945	3	23	(24)
51	玉城　親政	字奥	下門小	大正	8	1919	12	15	水兵長	東支那海	昭和	20	1945	3	29	(26)
52	玉城　孝子	字奥	乃殿内	昭和	4	1929	9	11	学徒隊	真壁村真壁	昭和	20	1945	6	5	(16)
53	玉城　仲吉	字奥	下門小						上等兵	真壁村名城	昭和	20	1945	6	10	
54	玉城　仲高	字奥	下門小	大正	10	1921	11	15	上等兵	中国湖北省応城県応城58師　野病	昭和	18	1943	11	4	(22)
55	玉城　仲三	字奥	下門小	大正	7	1918	12	29	主計曹長	黄海	昭和	20	1945	1	28	(27)
56	玉城　恒一	字奥	浜畑	大正	2	1913	8	30	伍長	ニュージョジヤ島ムンダ	昭和	18	1943	7	29	(30)
57	玉城　恒治	字奥	恒亨屋	昭和	5	1930	9	29	一等兵	沖縄本島南部	昭和	20	1945	4	20	(15)
58	玉城　鍋吉	字奥	鍋吉屋	明治	36	1903	5	29	上等兵	豊見城村方面	昭和	20	1945	6	15	(42)
59	照喜名真一	字奥	照喜名小	明治	43	1910	3	5	上等兵	パラオ本島大和村野病	昭和	20	1945	6	16	(35)

60	照喜名真心	字奥	大照喜名	大正	1	1912	2	20	伍長	中国湖北省武昌 159 兵病	昭和	20	1945	9	13	(33)
61	仲嶺　真一	字奥	仲嶺	大正	2	1913	5	3	上等兵	首里方面	昭和	20	1945	5	5	(32)
62	仲嶺　真吾	字奥	仲嶺	大正	12	1923	2	11	上等兵	パラオ諸島アンガウル島	昭和	19	1944	12	31	(21)
63	仲嶺　真忠	字奥	仲嶺	大正	6	1917	5	10	軍属	比島マニラ市	昭和	20	1945	1	27	(28)
64	仲村渠前定	字奥	久蔵屋	明治	37	1904	5	5	兵長	比島ルソン島マウンテン州トッカン付近	昭和	20	1945	8	14	(41)
65	比嘉　親三	字奥	親安屋	大正	8	1919	12	2	一等機関曹	南西諸島	昭和	20	1945	5	22	(26)
66	比嘉　親浩	字奥	親安屋	大正	13	1924	6	10	兵長	沖縄本島棚原	昭和	20	1945	5	10	(21)
67	比嘉久三郎	字奥	東リ溝畑	明治	38	1905	12		軍属	海南島椋山県秀英港	昭和	18	1943	10	26	(38)
68	比嘉久次郎	字奥	溝畑小	明治	35	1902	7	24	上等兵	真和志村識名	昭和	20	1945	6	1	(43)
69	比嘉　定一	字奥	道繰リ小	大正	3	1914	9	23	上等兵	具志川村港川方面	昭和	20	1945	6	5	(31)
70	比嘉　定二	字奥	道繰リ小	大正	6	1917	10	23	三曹	濠北	昭和	17	1942	2	10	(25)
71	比嘉定次郎	字奥	比嘉屋	明治	36	1903	5	9	兵長	比島	昭和	20	1945	9	10	(42)
72	比嘉　定助	字奥	道繰リ						兵長	沖縄						
73	比嘉　久茂	字奥	橋口	大正	13	1924	11	10	軍属	パラオ諸島ペリリュー島	昭和	19	1944	12	31	(20)
74	平安名　勝	字奥	平安名小	大正	11	1922	10	20	上等兵	パラオ本島123兵病	昭和	20	1945	5	31	(23)
75	宮城　勇	字奥	栄屋	大正	3	1914	8	29	上等兵	豊見城村真玉橋	昭和	20	1945	6	1	(31)
76	宮城　卓	字奥	上東リ	昭和	2	1927	12	6	機関員見習	サイパン近海	昭和	19	1944	6	13	(17)

番号	氏名	住所	屋号	生年月日 元号		西暦	月	日	階級	死亡場所	死亡年月日(享年) 元号		西暦	月	日	(歳)
77	宮城 弘	字奥	六ッ又						警部補	沖縄本島						
78	宮城久次郎	字奥	新屋敷小	明治	42	1909	11	15	上等兵	本部町八重岳	昭和	20	1945	4	16	(36)
79	宮城 親忠	字奥	蔵ン前	明治	40	1907	9	10	上等兵	首里方面	昭和	20	1945	6	1	(38)
80	宮城 竹夫	字奥	門口	大正	15	1926	4	17	上等兵	宜野湾村嘉数70高地	昭和	20	1945	4	24	(19)
81	宮城 男一	字奥	宮城小	大正	14	1925	4	29	兵長	沖縄本島平良	昭和	20	1945	5	20	(20)
82	宮城 長助	字奥	栄屋小	大正	6	1917	9	18	上等兵	興安省ノモンハン	昭和	14	1939	8	28	(22)
83	宮城次太郎	字奥	首里屋	明治	42	1909	11	15	上等兵	海南島	昭和	20	1945	5	30	(36)
84	宮城 直俊	字奥	東リ大屋	大正	15	1926	5	15	上等兵	首里石嶺町	昭和	20	1945	5	10	(19)
85	宮城浜次郎	字奥	森ン根	明治	42	1909	8	5	上等兵	真壁村名城	昭和	20	1945	6	15	(36)
86	宮城 ヒデ	字奥	大六ツ又	昭和	19	1944	12	6	奥住民	国頭村奥、避難生活中に栄養失調死	昭和	20	1945	6	15	(1)
87	宮城 秀京	字奥	仲前小	昭和	9	1934	12	22	奥住民	国頭村辺土名の収容生活中に爆破死	昭和	20	1945	8	15	(11)
88	宮城 秀哉	字奥	宮里小	明治	42	1909	10	15	上等兵	真壁村名城	昭和	20	1945	6	15	(36)
89	宮城 文蔵	字奥	前口	大正	10	1921	12	27	兵長	ニュージョジヤ島ムンダ	昭和	18	1943	7	31	(22)
90	宮城 昌英	字奥	親ン原	大正	14	1925	3	19	兵長	ブーゲンビル島タロキナ	昭和	19	1944	3	30	(19)
91	宮城 松元	字奥	松下						伍長							
92	宮城美智子	字奥	上ノ大屋小	昭和	4	1929	1	22	学徒隊	摩文仁村糸洲	昭和	20	1945	6	18	(16)

93	宮城　安信	字奥	久盛屋	大正	14	1925	10	2	上等兵	サイパン島	昭和	20	1945	6	10	(20)
94	宮城　吉安	字奥	前東リ小	明治	36	1903	10	21	上等兵	豊見城村方面	昭和	20	1945	6	10	(42)
95	宮城　親善	字奥	栄門	大正	5	1916	10	5	伍長	ブーゲンビル島モビアイ6師　野病	昭和	19	1944	9	7	(28)
96	森山定次郎	字奥	上桁	大正	5	1916	5	13	伍長	ブーゲンビル島タロキナ付近	昭和	19	1944	4	1	(28)
97	森山　定文	字奥	上桁	明治	11	1878	5	8	奥住民	国頭村奥、シーバーの避難小屋で射殺	昭和	20	1945	6	15	(67)
98	山内　亀一	字奥	新垣屋	大正	9	1920	11	9	乙船員傭	南支那海	昭和	19	1944	7	19	(24)
99	山内亀太郎	字奥	新垣屋	大正	12	1916	8	14	軍属							
100	與那城定一	字奥	定仁屋	大正	5	1916	1	25	上機兵曹	沖縄	昭和	20	1945	6	14	(29)
101	與那城定秀	字奥	与那城	大正	3	1914	11	9	曹長	沖縄本島喜瀬武原	昭和	20	1945	5	1	(31)
102	與那城定助	字奥	伊豆味	明治	45	1912	4	9	上等兵	中国河南省乗県々城東北南	昭和	19	1944	6	7	(32)

注1：99番～102番は、民間人４人である。宮城ヒデは、２０１３年に平和の礎に追加刻銘された。

注2：平和の「礎」には、奥関係者として１３０人程が刻銘されているが、奥と関わりのない人たちもいることから、字誌「奥のあゆみ」の名簿と整合するようにした。

(2)国頭村奥戦没者慰霊之塔

合祀者芳名

宮城松元
糸満盛清
玉城恒明
宮城長助
神里健二
比嘉定二
玉城仲高
島袋桃安
平安　勝
澤岻親英
宮城文藏
神里島一
比嘉定助
糸満盛昌

崎原　治
與那城定一
比嘉親三
玉城仲三
玉城親政
玉城仲吉
澤岻邦雄
我如古良雄
新城玉吉
伊禮　毅
澤岻武吉
宮城男一
糸満盛進
澤岻親太郎

比嘉親光
平良井八
澤岻武夫
金城武四郎
宮城直俊
宮城武夫
玉城恒正
新城春則
宮城　勇
玉城鍋吉
宮城吉安
宮城久次郎
宮城浜次郎
糸満盛三

仲嶺眞一
金城久助
比嘉久次郎
宮城秀哉
金城久四郎
金城定松
上原辰也
島袋　敬
比嘉定一
翁長林秀
金城川正
與那城定秀
金城定次郎
宮城　弘
宮城親忠
宮城昌英
比嘉定次郎

比嘉久茂
山内亀一
玉城久次郎
森山定次郎
玉城恒一
伊禮鉄夫
上原正夫
照喜名眞一
仲嶺眞忠
仲嶺眞吾
澤岻武次郎
與那城定助
宮城親善
平良平次郎
糸満盛徳
山内亀太郎
糸満盛文

金城久正
宮城　隆
玉城恒治
宮城美智
比嘉久三郎
新城春正
宮城二次夫
神里定忠
澤岻親俊
仲眞　射
翁長林助
神里武夫
上原直秀
金城正四郎
崎原栄保
玉城高子
糸満盛吉

上原栄輝
宮城次太郎
照喜名眞心
糸満盛忠
糸満盛一
宮城安信
島袋盛壮
宮城親喜
宮城親保

沖縄戦無名戦士者
二〇一〇年一二月一九日
清書・宮城邦昌

(3) 関連論考

第二次大戦末期の国頭村字奥における旧日本陸軍の薪炭生産

森林総合研究所関西支所・北海道大学大学院農学院　齋藤　和彦

一、はじめに

本研究の目的は二つある。一つは、現在のやんばるの森が、どのように成立したのかを解明するために、第二次大戦末期の戦時伐採の実態を明らかにすることであり、もう一つは、本事例のフィールドとなった国頭村字奥（以下、奥）と陸軍の炭焼部隊との関係を、奥の戦争体験の一つとして記録に残すことである。

やんばるの森の歴史は、近年、ＧＩＳ（地理情報システム）技術の発展によって、地図・空中写真と聞取調査、現地調査を併用した空間的な解明が進んでいる。しかし、聞取調査については、戦時中を含む戦前期に関して、当時を知る人がいよいよ僅かとなり、難しくなっている。

そうした中、今回、木炭生産のために奥に派遣された陸軍部隊長と面談し、派遣に至る経緯や生産の実態、住民との関係を調査する機会を得た。その結果を報告する。

表1　国頭村内の戦時伐採の記録

活動時期	字	部隊	生産物	場所	伐採・炭焼	運搬	生産量	出典
1943～44	伊佐／与那	—	炭	与那演習林	兵隊	—	—	⑤
1944.6～-	佐手（浜－宇嘉）	「球」貨物廠北部分遣隊	薪	県営林	—	字民（浜－宇嘉）	—	⑥
1944.9～-	安波	「山」２中隊	材、炭	—	—	—	—	⑦
?～1945.3	安田	「山」２小隊	炭	西道２号橋付近普久川周辺	—	字民	6000俵	⑧⑨⑩
1944.10～45.3	奥（宜名真－楚州）	「山」１小隊	炭薪	上原林道終点	字民・兵隊	字民	—	⑪

（表中の「—」は記載無し。「？」は出典関の不一致）

二、既存資料のレビュー

（一）国頭村内の戦時伐採の記録

奥を含む国頭村内の戦時伐採の記録を字誌、個人出版誌から拾うと表1になる。

沖縄では、戦前期に蓄積した森林資源が沖縄戦を前に乱伐され、特にマツは大半を失ったとされる①②。用途は、リュウキュウマツが陣地の坑木等の土木建築資材、イタジイを主とする広葉樹は軍用燃料になった。今回収集できた記録は、燃料の例が多く、資材の例は少なかった。

沖縄守備軍第三二軍の各部隊は、防諜上の理由から「球」、「石」等の通称号で呼ばれた。沖縄島には、おおよそ「球」、「石」、「山」の三部隊が配置され、石部隊は第六二師団、山部隊は第二四師団、球部隊は第三二軍司令部直轄および独立混成第四四旅団を主とする部隊だった。他に台湾に転出した武部隊（第九師団）が一九四四年一〇月まで配置された③④。

各部隊は、第三二軍が設置された一九四四年中に逐次編入さ

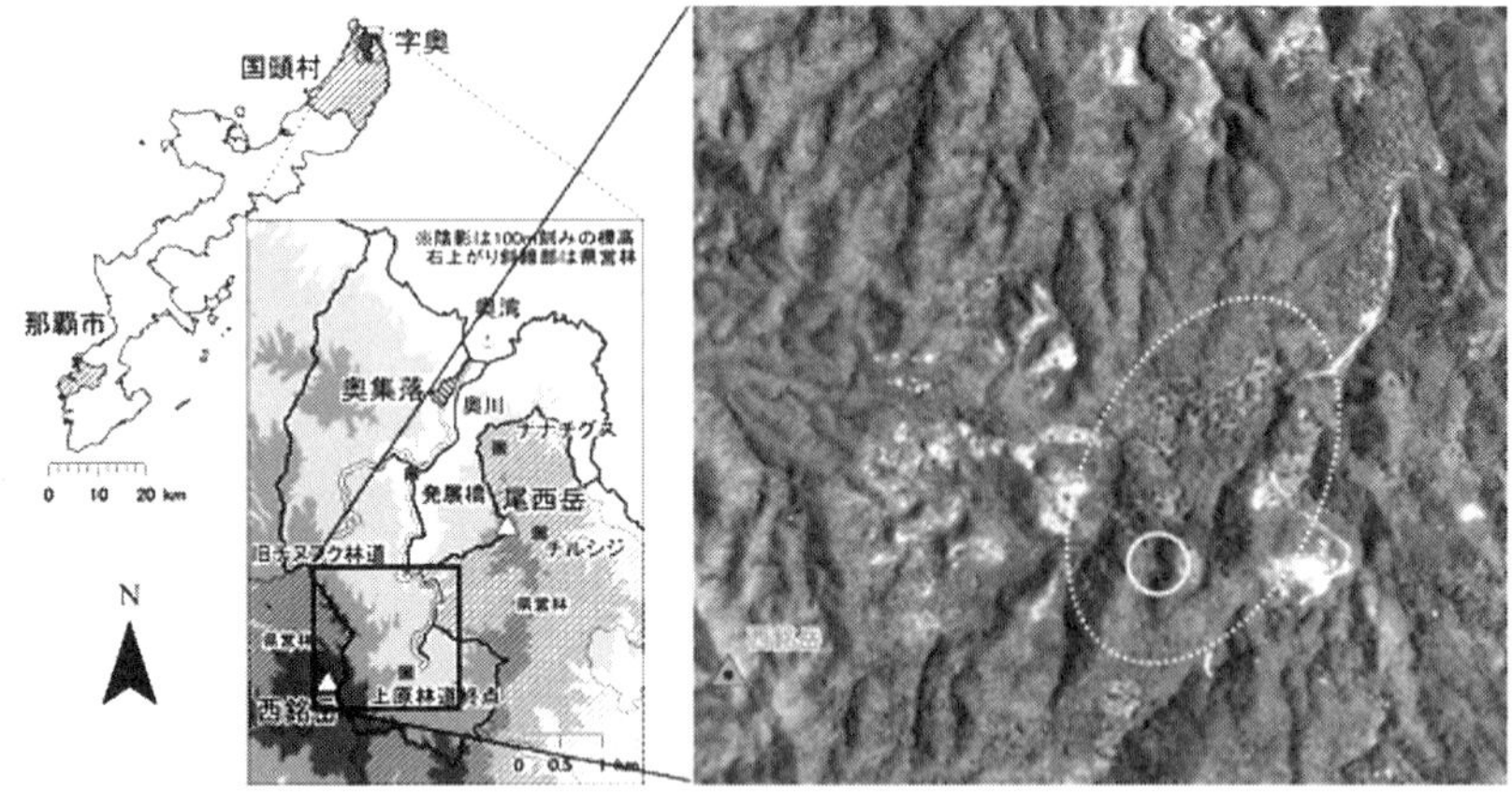

図１　奥における第二次世界大戦末期の炭焼生産の場所
実線白円は畑中隊の炭窯が残る場所。点線白円は炭焼跡と推定された林分。（空中写真：1946 年米軍撮影 M57）

れている。伊地／与那以外の表１の活動開始時期は、その編入時期に対応していると考えられる。一方、活動終了時期の一九四五年三月は、米軍が上陸し、地上戦が始まった時期にあたり、関連が予想される。部隊配置については、浜～宇嘉が球部隊、宜名真～楚洲が石部隊、安田・安波が山部隊と、隣接字をまとめた区分けで配置されている。これは上位の第三二軍あるいは沖縄県等が差配して三部隊に割り振った可能性が考えられる。

やんばるの森の成り立ちを探る観点からは、伐採の場所や生産量に注目される。しかし、伐採の場所は、地名を記した例はあっても奥以外はその位置が特定されておらず、生産量は安田以外、記載がなかった。一方、住民と部隊との関係では、生産に関わる住民と部隊の役割分担や徴用手続き、契約内容に注目されるが、奥以外は記載が無いか不完全だった。

（二）奥の記録の特徴

通常、字誌や個人出版誌は、住民による記録であるため、部隊の正式名称や人員構成、活動経過等の詳細が記されていない場合が多い。それに対し、奥の記録[11]の特徴は、奥に駐屯した部隊のメンバーからの寄稿文が掲載されており、それらの情報が得られる点にある。奥では伐採の場所も語り継がれており、炭窯跡も確認できる。また、部隊のメンバーとは、戦後、交流が続いており、追加の情報が得られる可能性もあった。

そこで、今回、ＧＰＳを用いた炭焼現場の調査（図１）や奥の資料の分析を踏まえつつ、国頭村字奥の元区長、島田隆久氏の紹介で、当時の隊長で元陸軍中尉の畑中耕治氏から、部隊（以下、畑中隊）派遣の経緯や炭焼生産の実態、住民と部隊との関係について、二〇一〇年に二回、二〇一二年に二回の合計四回、聞取調査を行った。

三、結果

（一）奥派遣に至る経緯

畑中氏は一九二一年に京都府に生まれ、農林学校卒業後、青年学校の教員を経て、一九四二年に陸軍に入隊した。所属部隊は、一九四三年に中国山西省太原に派遣され、一九四四年四～七月の河南作戦で大陸を南下後、上海から輸送船に乗り、一九四四年八月二〇日に那覇に上陸した。沖縄での最初の任務は陣地構築で、九月から恩納村名嘉真で坑木用のリュウキュウマツの伐採を兵隊の手で行った。畑中氏は副隊長として、その指揮をした。

その後、畑中氏は奥に派遣されることになるが、その転機は、一九四四年一〇月一〇日の一〇・一〇空襲であった。一〇・一〇空襲で各部隊は、朝の炊事の煙を狙われた。畑中氏所属の第六二師団では、急遽、壕陣地秘匿のために無煙燃料である木炭の生産部隊を編成することになり、畑中氏は農林学校卒という理由で、この急造炭焼部隊の隊長に任ぜられた。

畑中氏に対する命令は、「畑中少尉は爾今、薪炭作業隊長となり、本島最北端、奥・辺戸・宜名真・楚洲において、各部隊より差し向かう兵員及び現地徴用者(二〇〇名)を掌握し、薪炭約六トンを生産すべし」[11]というものであった。

(二)畑中隊の編成

畑中隊の構成員は、一九四五年三月末の米軍上陸まで入れ替わりがあったという。最終的な構成は、奥駐屯の本部が畑中氏他一一名(伝令・給与・飯事・衛生・看護各一名、無線分隊六名)、生産現場を担当する辺戸分隊四名(宜名真を含む)、楚洲分隊三名、奥分隊五名の総勢二四名であった。

奥への派遣は一九四四年一〇月一三日で、まず、先着軍が編成され、本部要員と師団司令部との連絡用無線機(陸軍九四式三号甲無線機、人力発電機付、約一〇〇キログラム)が、宜名真まではトラック、その後は徒歩と人力で運ばれた。

先着軍には、師団の経理担当中尉が同行し、名護の事務所(沖縄県の事務所と考えられる)で徴用の手配を行った後、連絡を受けて準備していた現地の作業班と窯作りや炭一俵の単価等、現地請負の折衝を行い、原隊復帰した。畑中氏の記憶では、木炭一俵(=一・五キログラム)二円五〇銭で契約され、奥郵便局に貯金した五万円から、労働に応じて支払われた。ただ、出征や内地への徴用で、各字には高齢者や女性、子供しか残っておらず、畑中隊は予定していた徴用者二〇〇名を集められなかった。

現場担当の分隊要員は第六二師団配下の部隊から追って派遣され、一〇月二〇日に揃った。畑中隊に派遣された兵隊には良い人もいたが、扱いにくい人、あるいは良い人でも兵隊として若くない人が多く、当時二三歳の畑中氏は「君らがしたいことはワシもしたい、ワシがしたいことは君らもしたかろうで、お手柔らかに」と部隊掌握に苦心したという。

(三)薪炭生産の実態

薪炭生産は、一九四四年一〇月二五日から始まった。兵隊に炭焼技術はなく、炭焼は住民が担った。奥、辺戸、楚洲は木炭を生産したが、宜名真は木炭を生産できず、薪を出した。奥の場合、上原林道終点付近の林分で木炭生産が行われ(図1)、その場所は山係の糸満盛次郎氏が選定した。楚洲、辺戸、宜名真の現場は、畑中氏は記憶していなかった。

現場では、山中に幕舎を建て、兵隊と地元作業班が寝食を共にすることを原則とした。一方、本隊は奥の民家を借用した。隊長の畑中氏は宮城久善共同店主任宅に滞在し、宮城久善共同店主任に息子のように接してもらい、上原直帯区長とも非常に親しくなったという。

生産した木炭や薪は、山から港まで女性や子供も含む字民総出で搬出された。南部への輸送は、畑中隊から数量を師団司令部に無線で連絡すると徴用山原船が手配され、奥、楚洲、宜名真(辺戸と一緒)のそれぞれの浜から船で出荷された。最終的な生産量は、奥は二船分(トン数不明)を送り、なお浜には炭俵が列をなして残っていたが、一九四五年三月末の空襲で焼失した。楚洲、宜名真、辺戸の生産量については、畑中氏は記憶していなかった。

(四)薪炭作業隊の解散

米軍は、一九四五年三月二五日の慶良間上陸を前に機動部隊を差し向け、三月二三日から激しい空襲を行った。奥も同日から空襲を受け、学校、木炭倉庫、共同店、公会堂、住民の家屋が炎上した。煙の出る炭焼現場も空襲にさらされ、木炭生産どころではなくなり、畑中氏は「部落の人を戦争に巻き込んだら気の毒。これで結構。家に帰って家族を守って下さい」と言って薪炭作業隊を解隊したという。

畑中隊には三月二三日に師団司令部から原隊復帰命令が下り、現場分隊の兵隊も奥に集められた。しかし、帰路の状況がわからないため、畑中氏は部下二名（田辺文治郎氏他一名）と八重岳の球部隊国頭支隊に出向いた。球部隊とは以前から交流し、仲良くしていたという。結果、残波岬付近の戦闘が激しく通過困難であることがわかり、師団司令部に報告すると「国頭支隊の配下で連絡を取り合いながら、北方の敵情を報告せよ」という新たな命令が下った。

そして、この頃から住民、部隊とも、近くの山に入り、生活を始めた。

（五）避難中の奥と畑中隊の関係

山入り当初、畑中隊は上原林道終点の奥分隊の炭焼現場近くに避難した（図２）。

米軍は一九四五年四月一三日に辺戸上原に到達した。四月一六日には水陸両用戦車で奥港に上陸し、畑中隊の避難地のすぐそばの上原林道終点まで上がってき

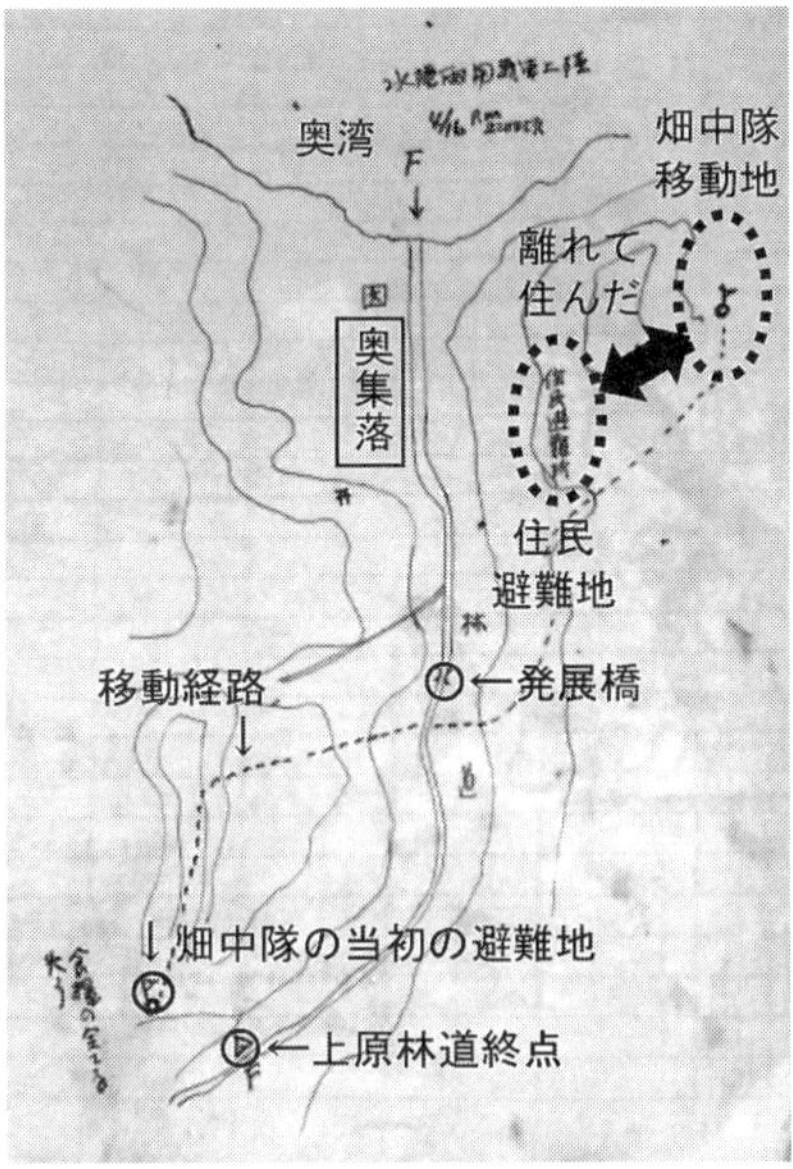

図２ 畑中隊の避難地の移動
※畑中氏所蔵の手書き地図に加筆（活字）

て幕舎を構築する事態となった。畑中隊は、貴重な食料もそのままに急遽退避し、夜に尾西岳の東まで山中を移動した。移動にあたって畑中氏は「住民の近くには絶対住んだらあかん」と指示した(図2)。この理由については「やはり女性もおるし子供もおる……何したら名折れ。信頼されてました」と語っていた。

奥と畑中隊との親しい関係は避難後も維持され、上原直帯区長や宮城久善共同店主任が畑中隊の避難場所まで来て米やイモを差し入れてくれたという。奥に漂着した輸送船の乾パンやジャガイモも分けてもらい、畑のイモを掘った場合も上原直帯区長への事後連絡で許された。ただ、漂着輸送船の船員、大川伝次郎氏を奥のサバニで内地に帰したことと、住民の米軍投降後、牛を殺して食べたこととは無断だったため、戦後の奥訪問の際に詫びている。

(六)奥住民および畑中隊の投降過程

畑中隊はラジオにもなる無線機を持っており、避難中の貴重な情報源になった。特に、米軍の辺戸上原到達の頃からは、電波を出すと砲撃に遭うようになり、専ら熊本放送等を聞くラジオとして使われた。上原直帯区長も、しばしば畑中隊を訪れ、ラジオを聞いたという。

沖縄戦終結の情報は、このラジオで六月二三日に得ていた。そして、この情報は兵隊と奥の上原直帯区長にも伝えられた。畑中氏はこの時「わしら兵隊はできんけど、あなた方は早くアメリ力に降伏した方が良い」と上原直帯区長に住民の投降を勧めている。

実際に奥住民が投降したのは八月であった。米軍は八月に一〇〇名規模で山焼きと山狩りを計画した。これを伝え聞いた上原直帯区長は部落常会で投降を決断し、奥住民と避難民、計一三〇〇人を率いて八月三日に投降した[11]。畑中氏は、この決断には関与していない。

一方、畑中隊が投降したのは九月二〇日だった。畑中隊は、米軍の掃討作戦が活発化した七月から小集団に分かれて山中に散開していたが、投降した奥住民が九月七日に伝令となって、日本の無条件降伏と米軍の投降命令を伝えてきた。翌日、確認のために、まず、畑中氏と部下二名が一旦投降した。そこで、辺土名駐屯のハルバー海兵隊大尉から翌日に全員降伏するよう指示されたが、畑中氏は同意せず、散開

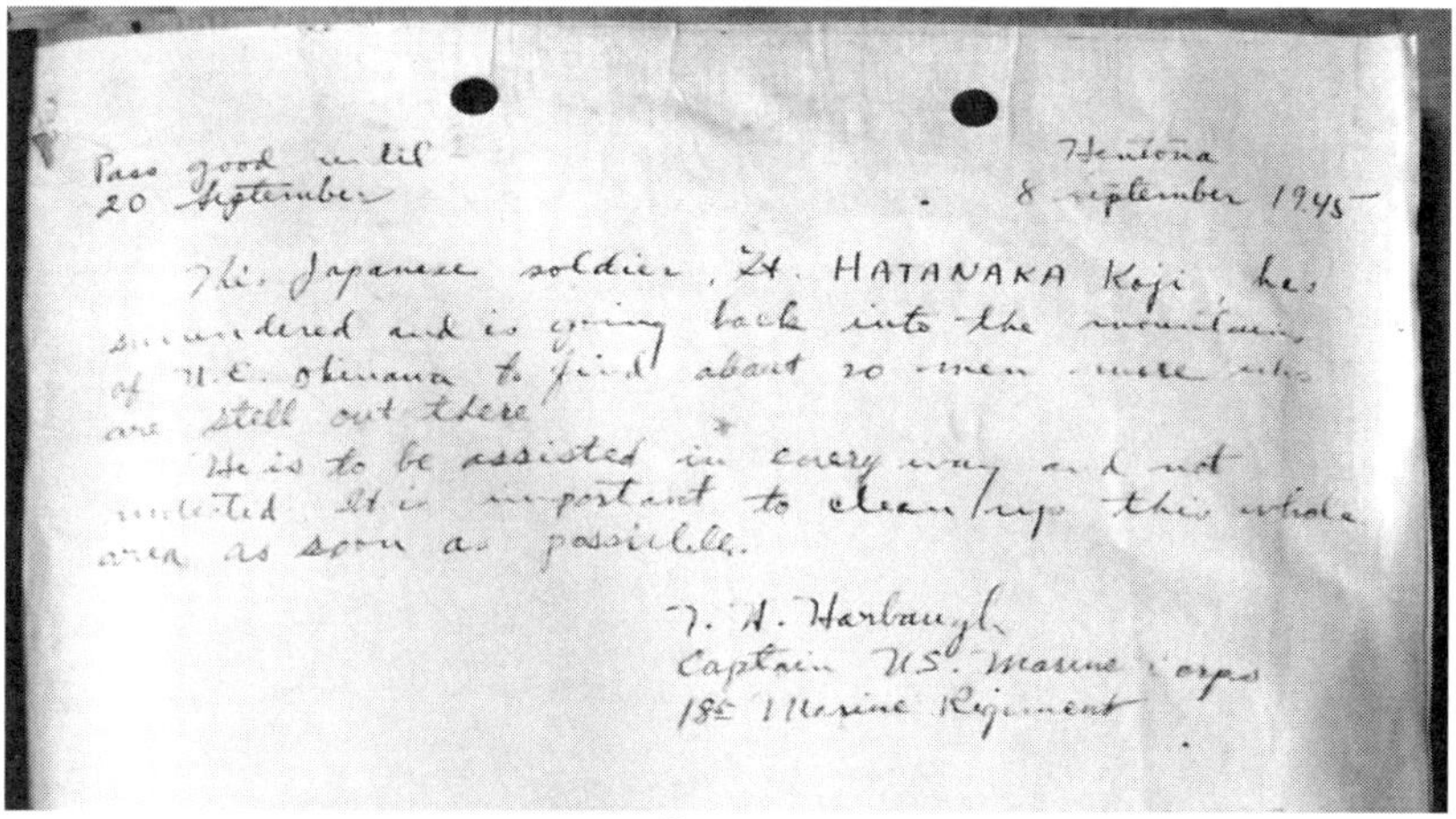
Pass good until 20 September

Hentona
8 September 1945

The Japanese soldier, Lt. HATANAKA Koji has surrendered and is going back into the mountains of N.E. Okinawa to find about 20 men more who are still out there

He is to be assisted in every way and not molested. It is important to clean/up this whole area as soon as possible.

T. A. Harbaugh
Captain U.S. Marine Corps
1st Marine Regiment

図３　ハルバー海兵隊大尉の文書[12]

「９月 20 日まで有効。山中に残存する日本兵 20 名を探しに行く途中である。あらゆる方法で援助し、妨害してはならない。」

した兵隊を集めるという理由で九月二〇日までの時間的猶予と、その間の安全を保証する文書(図3)を獲得した。そして、帰隊後、兵隊に対し、各々が日本の敗戦を確認し、討議して結論を出すよう指示し、実際に全員の確認と討議を経て九月二〇日に投降した。

四、まとめ

(一)薪炭生産の実態

今回の調査の結果、炭焼部隊である畑中隊編成のきっかけは一〇・一〇空襲であり、活動終了の理由は三月末の米軍上陸前の空襲であったことが確認できた。また、徴用の手配は、名護の事務所を通じて行われ、連絡を受けた各字の作業班が部隊と単価交渉していた。名護の事務所は沖縄県の事務所と推察された。

炭焼作業については、技術を持った住民が主体となり、兵隊と住民が現場で寝食を共にして作業していた。搬出は住民総出で行われ、軍徴用の船で南部に送られていた。

奥では、伐採の場所が伝承されていたが、今回、改めて確認できた。また、その場所は奥の山係が割り振っており、戦前の村有林管理の実態が垣間見られた。楚洲、辺戸、宜名真の伐採の場所は残念ながらわからなかった。また、最終的な生産量は、奥、楚洲、辺戸、宜名真ともに十分把握できなかった。

(二)奥と畑中隊の関係

今回得た情報は、畑中氏がいた奥の本部中心で、現地分隊の情報は不十分と考えられるが、奥に関しては字と部隊との関係は良好だったと言える。奥では、字が誠実に畑中隊の生産活動に協力する一方、畑中隊も、炭焼の中止や部隊避難地の移動の場面、上原直帯区長へのラジオ情報提供等で奥への配慮を示している。その背景には、上原直帯区長や宮城久善共同店主任と畑中氏との良好な人間関係と、畑中氏への信頼があった。

また、奥と畑中隊との関係の中では、特に、畑中氏の住民の投降過程への関わりが注目される。住民の投降については、ラジオで沖縄戦終結情報を得た六月時点で、畑中氏が上原直帯区長に勧めていた。しかし、八月の決断には関与しておらず、上原直帯区長をはじめとする奥区住民自身でなされたことが畑中氏から確認できた。

(三)沖縄戦が沖縄の森林資源に与えた影響解明の可能性

沖縄戦では、陣地や薪炭用材の他、飛行場設営、中南部からの避難民小屋の建設のために、戦前期に蓄積した沖縄の森林資源を消費した。その痕跡は戦後の乱伐の陰に隠れているが、当時の森林資源に与えた影響は小さくないと考えられる。しかし、関連する記述は、仲間(一九八四)

や沖縄県(一九七二)の数行のみと乏しく、実態は十分把握できていない。

そうした中、今回、奥で事例調査を行ったが、今回用いた字誌を糸口に聞取調査、現地調査、空中写真判読を組み合わせる方法は有効であった。奥では、既にまとまった記録が字誌にあったが、それを元に改めて聞取調査を行った結果、部隊派遣の経緯や生産の実態、字との関係に関するより詳細な情報の他、図2、図3のような資料も得られた。また、GPSを用いて現地調査を行い、図1のように空中写真との対応も確認できた。

沖縄では字誌が活発に発行されており、他の字でも奥と同じ方法が適用できると考えられる。当時を知る人の減少で、聞取調査はいよいよ困難になっているが、沖縄戦が沖縄の森林資源に与えた影響の解明を、可能な限り継続したい。

引用文献

① 沖縄県：沖縄の林業,78,1972

② 仲間勇栄：沖縄林野制度利用史,213,1984

③ 読谷村：読谷村史第五巻資料編4『戦時記録』下巻,http://www.vill.yomitan.okinawa.jp/sonsi/vol05b/chap03/content/docu007.html(2013/08/27 取得),2002

④ 内閣府沖縄振興局：沖縄戦関係資料閲覧室第三二軍部隊一覧,http://www.okinawa-sen.

go.jp/units_list.html (2013/08/27 取得)
⑤ 字伊地編集委員会編：あしなみの里 伊地, 83, 2010
⑥ 佐手郷友会：佐手郷友会結成三〇周年記念誌ぼうまく, 24, 1988
⑦ 国頭村立安波小中学校記念誌編集委員会編：創立八〇周年記念誌, 117, 1973
⑧ 村吉新太郎：国頭村安田の今昔, 196, 1981
⑨ 宮城鉄行：国頭村安田の歴史とシヌグ祭り, 238-239, 1993
⑩ 安田小学校百周年記念事業期成会記念誌部編：創立百周年記念誌, 167/215, 1997
⑪ 奥のあゆみ刊行委員会：字誌 奥のあゆみ, 406/424-434, 1986
⑫ 畑中氏所蔵の資料

謝辞 本調査では、畑中耕治様、ご家族の皆様の多大なご協力と、島田隆久様、字奥および字奥在那覇郷友会の皆様、元沖縄尚学高校教諭・沖縄防衛協会の山縣正明様のご支援を賜った。ここに記し、心からの感謝を表す。

※全球測位システム (Global Positioning System) は、アメリカ合衆国によって運用される衛星測位システムのこと。地球上の周回軌道にある複数のＧＰＳ衛星からの信号(時刻、軌道情報)を受け取り、緯度・経度を特定する。もともと軍事用にアメリカが衛星を打ち上げたものを、一

部民生用にも利用している。自動車のカーナビゲーションシステムへの採用で一般的に知られている。

※地理情報システム（GIS:Geographic Information System）は、地理的位置を手がかりに、位置に関する情報を持ったデータ（空間データ）を総合的に管理・加工し、視覚的に表示し、高度な分析や迅速な判断を可能にする技術である。

(4) 参考文献

奥のあゆみ刊行委員会編『奥のあゆみ』一九八六年
奥共同店１００周年記念事業実行委員会『奥共同店創立百周年記念誌』二〇〇八年
琉球政府発行『沖縄県史　第8巻 各論編7 沖縄戦通史』一九七一年
国頭村発行『国頭村史』一九六七年
東村編集委員会『東村史　第1巻　通史編』一九八七年
福地紘昭『秘録沖縄決戦　防衛隊―左手に竹やり　右手に鍬』一九八五年　沖縄時事出版
福地紘昭『農兵隊―鍬の少年戦士』一九九六年　那覇出版社
琉球新報社編『新琉球史　近代・現代編』一九九二年　琉球新報社
沖縄タイムス社編『沖縄戦後生活史』一九九八年　沖縄タイムス社
日本の空襲編集委員会・池宮城秀意『日本の空襲　九　沖縄』一九八一年
川平成雄『沖縄　空白の一年１９４５―１９４６』二〇一一年
米国陸軍省編・外間征四郎訳『沖縄　日米最後の戦闘』（新装版）二〇〇六年
沖縄タイムス社編『沖縄の証言（上巻）』一九七一年　沖縄タイムス社
石原昌家『虐殺の島―皇軍と臣民の末路』（ルポルタージュ叢書 7）一九七八年　晩聲社
石原昌家『証言・沖縄戦―戦場の光景』一九八四年　青木書店

編者
宮城能彦（みやぎよしひこ）
沖縄大学人文学部教授（地域社会学）
1960 年那覇市壺屋生まれ。浦添・旧羽地村育ち。
【主な著作】『共同売店の可能性―買い物弱者・若者の就業・コミュニティ再生センターとしての共同売店―』（2016 年）、『大学で何が学べるか―大学進学の意味を考える―』（2015 年）、『沖縄道－沖縄問題の本質を考えるために―』（2012 年）、『共同売店－ふるさとを守る沖縄の知恵』（2009 年）、『日本人のアイデンティティ教育－沖縄の本土復帰が意味するもの―』（2007 年）、「沖縄村落社会の動向と課題―共同体像の形成と再考―」2017 年『社会学評論（268 号）』、「共同売店から見えてくる沖縄村落の現在」2004 年『村落社会研究（21 号）』

島田隆久（しまだたかひさ）
元奥区区長（二度）　1937 年生まれ
琉球大学農学部卒　約 20 年栽培研究に携わった後に奥に帰郷　農業に従事

宮城邦昌（みやぎくにまさ）
奥出身：元気象庁職員、奥郷友会
1948 年生まれ、シシ垣ネットワーク・やんばる学研究会・沖縄地理学会会員
【主な著作】『やんばる学入門』（共著）2017 年、『日本のシシ垣』（共著）2010 年、『シークヮーサーの知恵』（共著）2010 年

沖縄大学地域共創叢書 02
奥むらの戦世の記録――やんばるの沖縄戦

ISBN 978-4-89805-200-6 C0321
2018年2月25日 印刷
2018年2月28日 発行

編　者　宮　城　能　彦
発行者　武　石　和　実
発行所　榕　樹　書　林
〒 901-2211 沖縄県宜野湾市宜野湾 3-2-2
TEL. 098-893-4076　FAX. 098-893-6708
E-mail:gajumaru@chive.ocn.ne.jp
郵便振替 00170-1-362904

印刷・製本　㈲でいご印刷